경제학 입문서

알기쉬운 경제학 ①

-미시경제-

이 종 호 저

도서출판 상 학 당

欲爲大者 當爲人役

크고자 하거든 남을 섬기라

머리말

오늘날 우리 삶의 환경은 치열한 경쟁구도로 변모한 지 오래다. 이미 1997년 말 외환위기를 경험한 이후 경제적 위기 상황이 삶의 방식 전체를 바꿔 놓았던 경험을 갖고 있는 우리로서는 그때의 상황이 생활 속에서 경제의 중요성을 깨닫게 하기에 충분하고도 남음이 있었다.

세계화와 정보화의 흐름 속에서 경제의 중요성, 아니 경제현상에 대한 이해와 안목이 이제는 더 이상 전문가나 관련 분야 종사자만의 몫이 아님을 우리는 잘 알고 있다. 쉽게 접하는 대중 언론매체에서도 경제뉴스와 경제정보의 비중이 높아지고 있으며, 신문과 방송에서 비중 있게 다루는 경제관련 뉴스는 이제 톱뉴스로서 굳건히 자리 잡게 되었다. 일례로 2007년과 2012년 말에 치러진 대선에서도 최대 이슈는 경제문제였으며, 경제문제의 해결이 국민의 최대 관심사였음을 우리는 기억하고 있다. 이렇듯 경제문제는 국가정책의 우선순위일 뿐만 아니라 국민의 최대 관심분야가 돼 버렸다.

위기에 처했을 때 그것의 중요성을 깨닫게 마련인 것처럼 우리도 외환위기 이후 경제의 중요성을 이미 인식한 바 있다. 이제 2008년 9월 우리에게 닥쳐온 글로벌 금융위기는 또 다시 경제, 특히 금융의 중요성을 뼈저리게 인식시켜 주었다.

이러한 시대적 환경 속에서 연일 대중 언론매체에서는 경제정보와 뉴스를 쏟아내고 있으며 일반인을 대상으로 알기 쉽게 경제현상을 설명해 주는 코너가 대폭 확대되었다. 또한 일반인을 대상으로 한 경제서적도 시중에 많이 출판되고 있다.

이미 필자는 2009년도 말에 총 3권의 기초경제학 시리즈를 집필한 바 있다. 제1권에서는 미시경제 부문을, 제2권에서는 거시경제 부문을, 제3권에서는 국제경제 및 산업정책 부문을 다루었는바 각각 해당 분야 가운데 핵심적 내용들을 기초수준에서 논의하였다.

이제 5년의 시간이 흘렀고, 새로운 경제상황 및 이슈의 출현 등 많은 부분에서 내용을 수정·보완해야 할 필요성을 느껴 이번에 새롭게 집필하게 되었다.

이 책 역시 일반인 및 처음 경제학을 접하는 독자들을 위한 입문서로서 《알기쉬운 경제학》이란 타이틀로 총 3권으로 구성·집필하였다. 우선 기존에 출판된 경제입문서 혹은 생활경제서의 장점을 동시에 제공해 주기 위해 핵심 기초이론과 주요 시사경제

부문을 각 장별로 본문과 필요시 부록을 통해 제시하였다. 두 번째 특징은 이 책을 읽는 독자들로 하여금 스스로 찾아서 필요한 부분을 보충할 수 있도록 유도한 강의용 교재라는 점이다. 핵심 기초이론에 제시된 내용 가운데 설명이 부족한 부분 내지 생략된 부분은 관련 교재 혹은 인터넷을 활용하여 필요한 내용을 보충해서 확인해 보길 바란다. 세 번째 특징은 세계화의 진전에 따라 국제경제 부문을 한층 강화하였다는 점이다. 대외경제 상황의 변화가 국내경제에 미치는 영향이 과거에 비해 강력해졌다는 점을 고려하여 기존의 국제경제 및 산업정책 부문을 국제경제 부문과 산업·통상정책 부문으로 나누어 재구성하였다.

이 책의 집필을 위해 저자는 지금까지 강의해 온 강의내용, 기존의 경제입문서, 그리고 한국개발연구원·한국은행·민간경제연구소 등 경제관련 기관들의 자료를 활용하였다. 이밖에도 현실경제의 흐름을 따라잡기 위한 의도에서 신문기사 및 칼럼 등 정기간행물의 내용이 다수 인용된 점은 불가피한 선택이었음을 밝힌다.

또한 경제입문서에 반드시 포함돼 있는 그래프 혹은 수식 표현을 최소화한 가운데 책을 집필하였다. 논의과정에서 포함될 수밖에 없는 사항임에도 과감하게 최소화함으로써 독자들 입장에서 이해하기 불편할 수도 있지만, 다른 시각에서 보면 입문과정에서 반드시 짚고 넘어가지 않아도 현실경제의 흐름을 이해하는 데 큰 어려움이 없다고 판단하여 이 부분을 최소화하였음을 밝혀둔다. 사실 우리가 현실경제 내지 기초경제이론을 일반인을 상대로 설명할 경우, 그래프나 수식을 이용하기보다는 서술적 표현을 통해 설명하는 것이 보다 현실적임을 고려할 때 필자의 이런 의도가 오히려 독자들의 공감을 얻을 수 있는 측면도 있다고 생각한다.

일반인 혹은 경제학을 처음 접하는 독자들에게 경제현상에 대한 이해와 관심, 더 나아가 기초경제이론의 개괄적 내용을 습득하게 하는 것이 이 책의 목표인 만큼 저자로서는 이것만 달성된다면 더 이상 바랄 것이 없다.

아무쪼록 이 책이 경제학을 처음 접하는 모든 독자들에게 경제에 대한 흥미와 관심을 촉발케 하여 경제학을 본격적으로 공부하는 계기로 작용했으면 하는 바람을 가져본다. 앞으로 관심 있는 많은 분들의 훌륭한 평을 겸허히 받아들여 좀 더 나은 책을 쓰려고 한다. 아낌없는 성원과 많은 지도편달을 부탁드리는 바이다.

끝으로 이 책의 출판을 흔쾌하게 허락해 주신 도서출판 상학당의 남승우 사장님 이하 출판사 관계자분들에게 깊은 감사를 드린다.

2015년 1월

저자 올림

차 례

제 10 장 시장실패와 정부의 역할 / 161

CHAPTER 01

경제학이란

지난 2014년 7월 8일, 당시 최경환 부총리 후보자는 인사청문회에서 이렇게 말했다. "향후 경제정책의 방점을 가처분소득 증대에 두겠다는 것은 많은 시사점을 가진다. 지금까지 이른바 보수 정당에서 추진해 온 정책의 변화를 제가 시사하고 있다." 수출보다는 내수, 투자보다는 소비에 방점을 찍겠다는 얘기니 가히 정책 전환이라고 할 만하다. 특히 사회적 대타협을 통해 비정규직의 처우 개선도 약속했으니, 나는 그가 구체적인 정책으로 이런 주장을 뒷받침한다면 최경환의 팬이 되겠다는 글까지 썼다. 지난 2014년 7월 24일 최경환 부총리는 새 경제정책팀의 '경제정책 방향'을 발표했다. "경기가 회복될 때까지 거시정책을 확장적으로 운용하겠다"고 공언했다. 기금에서 대출을 일으켜 8조5000억 원을 공급하고 정책금융을 10조 원 늘리는 등 부채로 총 41조 원에 이르는 돈을 동원하겠다는 것이다. 나도 확대정책에 찬성한다. 문제는 어떻게 돈을 모아 어디에 쓰는가이다. (중략) 그의 내수 확대란 건설 붐을 일으키겠다는 것이고 소득의 증대는 주로 상층의 호주머니로 향한다. 기업이건 가계건 빚이 늘어날 것이다. 과거의 수출주도에 부채주도 성장정책을 덧붙였을 뿐, 그는 낙수경제학[1]을 충실히 따르고 있는 것이다. 하지만 지난 30년간 세계를 풍미했던 낙수경제학은 자산과 소득의 불평등을 심화시키면서 성장은커녕 현재의 장기침체를 초래했다.

– 정태인(새로운 사회를 여는 연구원 원장) –

출처 : 정태인(2014), "교황과 최경환의 경제학", 《경향신문》, 2014. 07. 27.

---

1) 낙수경제학(trickle-down economics)이란 부자들의 물그릇이 가득 차면 이윽고 그 물이 넘쳐흘러 가난한 사람들도 잘살게 될 거라는 얘기임. 한마디로 "우선 파이를 키우자"는 성장론자들의 주장임.

1 경제학이란

1.1 경제학의 기본 성격

- 실업이나 인플레이션의 문제는 물론 경제성장, 빈곤, 환율, 노사관계, 경쟁과 독점, 환경오염, 조세 등 우리의 관심을 끄는 모든 경제문제를 연구대상으로 삼고 있음.
- 인간의 물질적 욕구를 충족시키기 위해 희소한 자원을 어떻게 활용할 것인가를 연구하는 학문
- 선택의 문제로 고심하는 과정이 바로 '경제하는' 과정이라고 말할 수 있으며, 경제학은 바로 이 선택의 문제를 주요한 연구대상으로 삼고 있음.
    - 주어진 자원을 이용해 사회 구성원의 물질적인 풍요를 가장 크게 할 수 있는 방법을 찾는 것이 경제학이라고 할 수 있음.

1.2 합리적 선택의 기초

- 합리성의 개념 : 경제학에서 추구하는 올바른 선택의 전제조건임.
    - 수단의 합리성을 뜻하는 것일 뿐, 목표 그 자체의 합리성 혹은 윤리성과는 별 관련이 없음.
    - 다시 말해 어떤 목표가 주어졌다고 할 때 어떻게 하면 이를 가장 효율적으로 달성할 수 있는지와 관련된 합리성이라는 뜻임.
- 경제적 선택의 기준
    - 효율성(efficiency) : 효율성 또는 경제성이란 최소의 비용으로 최대의 효과를 얻는 것을 말하는 것으로, 다시 말해 효율적 상태란 더 나은 경우가 존재하지 않는 상태, 즉 더 나은 효과를 얻기 위해서는 반드시 더 높은 비용을 초래해야만 하는 상태를 말함.

      ⇒ 현실적으로는 비용과 편익의 계산(cost-benefit analysis)을 통해 얻어질 수 있음.

- 형평성(equity) : 사회 구성원 간의 형평성도 경제학에서 선택의 기준으로 삼고 있는 중요한 요소임.

- 기회비용과 매몰비용
  - 기회비용 : 회계비용(실제로 지출된 갖가지 명목의 비용)과는 달리 실제로 지출하지 않았다 해도 비용의 성격을 갖고 있으면 모두 비용에 포함시키는 포괄적 비용의 개념으로서 일반적으로 말해 어떤 행위와 관련된 기회비용은 그것을 함으로 인해 포기해야 하는 여러 행위 중 가장 큰 가치를 갖는 행위의 가치로 측정할 수 있음.[2)]

    ⇒ 경제적 비용 = 회계적 비용 + 기회비용
  - 매몰비용 : 일단 지출된 뒤에는 어떤 선택을 하든지 다시 회수할 수 없는 비용을 뜻하는데, 어떤 행위를 할 것인지의 여부를 결정할 때는 이미 지출된 매몰비용을 고려대상으로 삼지 말아야 합리적 선택을 할 수 있음.

1.3 경제적 자원과 생산가능곡선

- 경제적 자원
  - 넓은 의미 : 우리가 아껴 써야 하는 모든 것을 뜻함.
  - 좁은 의미 : 노동이나 자본처럼 생산과정에 투입되어 우리가 소비하는 상품으로 변화될 수 있는 생산요소를 뜻함.

- 생산가능곡선
  - 생산기술이 주어져 있고 사용 가능한 생산자원의 양도 고정되어 있다는 전제하에서 도출된 것으로 한 경제에서 최대한으로 생산해 낼 수 있는 상품의 조합을 나타내는 곡선임.

    ⇒ 다시 말해 생산활동이 효율적으로 이루어졌을 때 얻을 수 있는 상품의 조합을 나타내는 곡선임.

---

2) 한마디로 상실된(포기된) 기회(lost opportunity)를 비용(cost)으로 간주. 회계적 비용도 기회비용 속에 포함시켜 설명하는 경우도 있음. 중요한 것은 사람들의 의사결정에 회계적 비용뿐만 아니라 기회비용도 포함되어야 한다는 점임. 한편 경제적 의사결정을 할 때 선택에 따른 만족의 정도(효용)가 기회비용보다 큰지를 항상 생각하여야만 함. 또한 기회비용은 사람들의 가치관이 다르듯 개인마다 다를 수밖에 없는데, 일례로 삼성 이건희 회장의 1시간 기회비용과 홍길동 대리의 기회비용이 다르고, 좋은 대학을 가기 위해 하루 4시간밖에 자지 않고 공부하는 철수의 1시간 기회비용과 시간 귀한 줄 모르고 놀기만 하는 영희의 1시간 기회비용은 다를 수밖에 없음. 자세한 내용은 이성표(2007) 참조.

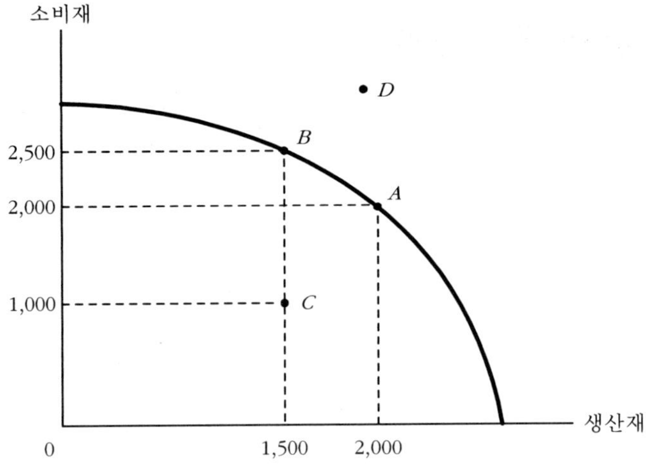

[그림 1-1] 생산가능곡선[3]

- 한 나라가 가용자원을 모두 사용하여 생산할 수 있는 소비재와 생산재의 조합의 예는 [그림 1-1]과 같음.
- 모든 사회가 직면하는 경제적 목표
  ▲ 기술적 효율성 : 생산가능곡선 상의 모든 점들은 기술적 효율성이 달성된 점들임.
  ▲ 경제적 효율성 : 생산가능곡선 상의 점들 중에서 어느 점에서 생산할 것인가를 결정하는 것인데, 바로 사회구성원의 후생을 극대화시킬 수 있는 점을 경제적 효율성이 달성된 점이라고 함.
  ▲ 경제성장 : 생산가능곡선을 밖으로 확장 · 이동시키는 것을 말함.[4]

---

3) *B*점은 *A*점에 비해 더 많은 소비재를 생산하고 있지만 생산재의 양은 줄어들게 됨. 즉 소비재를 더 생산하기 위해서는 생산재를 포기해야만 함. 어느 나라든지 소비재의 생산을 늘리기 위해서는 반드시 생산재의 생산을 줄여야만 함. 한편 *C*점처럼 생산가능곡선의 내부에서 생산이 이루어졌다면 이는 주어진 자원을 모두 활용하지 않았거나 또는 효율적으로 활용하지 못했음을 의미함. 그리고 생산가능곡선의 밖에 있는 *D*점은 주어진 자원을 가지고 생산할 수 없는 영역인데, 생산역량을 증대시키면 장기적으로 *D*점에 도달할 수 있게 됨.
4) 시간이 흐름에 따라 생산기술이 개선되기도 하고 사용 가능한 생산자원의 양이 늘어나기도 하는데, 이것이 바로 경제성장이라고 부르는 과정임. 폴 크루그만(Paul Krugman)은 기술혁신을 통해서 경제성장을 달성하는 것이 진정한 경제성장이라고 언급하였음.

1.4 국민경제의 기본 골격

- 세 경제주체 : 가계, 기업, 정부
- 세 가지 주요 과제
  - 첫째, 무엇을(what) 생산할 것인가? ⇒ 상품구성
  - 둘째, 어떤 방법으로(how) 생산할 것인가? ⇒ 생산방법
  - 셋째, 생산한 상품을 누구에게(for whom) 배분할 것인가? ⇒ 상품분배
  - 자원배분(resource allocation) : 무엇을, 어떻게, 그리고 누구를 위해서 생산할 것인가의 과제를 어떤 방식으로 풀어 나가느냐를 뜻하는 개념임.

2 경제학 연구의 방법

2.1 이론이란

- 과학에서의 이론은 현실에 존재하는 여러 변수들 사이의 관계를 의도적으로 단순화시켜 놓은 것을 뜻하는데, 이처럼 현실의 관계를 의도적으로 단순화하는 것은 그래야만 현실을 체계적으로 이해할 수 있기 때문임.
- 관찰되는 그대로의 현상들은 너무나 복잡해 이해하기가 무척 힘들기 때문에 현실을 제대로 이해하기 위해서는 중요한 측면만을 추려 단순화하는 작업이 먼저 이루어져야 함.
- 현실의 중요한 측면만을 추려 단순화한다는 것은 비교적 덜 중요한 측면을 고려대상에서 제외하는 것을 말함.
- 이론화의 작업을 통해 우리는 현실에서 관찰한 현상의 배후에 숨어 있는 규칙성을 발견하게 됨. ⇒ General Pattern을 설명
  - 그와 같은 규칙성의 발견을 통해 현실에서 일어나는 일의 원인과 전개과정, 그리고 결과를 체계적으로 이해할 수 있는 능력을 갖출 수 있음.

- 성공적인 이론이라면 앞으로 일어날 일에 대한 예측까지 가능하게 해줌.
  - 각 경제지표의 정확한 수준을 예측하기 위해서 통계자료를 가지고 계량경제적 기법으로 추정하지만 실제로는 발표기관에 따라 많은 차이를 보이는 것이 현실임.[5)]

2.2 | 경제모형

- 경제이론은 경제모형이라는 구체적 형태로 표현되는 것이 보통

- 경제모형
  - 현실 경제를 단순화해 축소시켜 놓음으로써 경제가 어떻게 움직여 가는지 이해하기 쉽게 만들어 놓은 것을 말함.
  - 경제모형은 수식, 그림, 말 중 어떤 형태로 표현해도 되나, 대개 수식의 형태로 표현되는 경우가 많음.
  - 수식을 그림으로 바꿔 표현할 경우도 있는데, 그림은 누구나 쉽게 이해할 수 있어 이 방법도 자주 활용되고 있음.

- 경제모형의 기본 골격
  - 변수 : 여러 가지 다른 값을 취할 수 있는 수를 뜻함.
  - 가정 : 일반적으로 경제모형은 우리가 관심을 갖고 있는 변수들의 행태 혹은 경제주체의 동기 등에 대한 일련의 가정으로부터 출발하는데, 어떤 것에 대해 분명하게 잘 모를 때 이러이러할 것이라고 일단 인정하는 것을 의미
  - 가설 : 분석의 결과로서 얻어지는 명제를 뜻하며 조건부적인 예측의 형태를 갖는 경우가 많은데, 어떤 일이 일어나면 어떤 결과가 나타날 것이라는 형식으로 표현될 때가 많음.[6)]

- 상관관계와 인과관계
  - 상관관계 : 한 변수와 다른 변수 사이에 어떤 체계적인 관계가 성립할 때를 말함.
  - 인과관계 : 한 변수에 생긴 변화가 다른 변수의 변화를 유발하는 원인과 결과의 관계를 갖는 경우를 의미

---

5) 예측의 정확성이 바로 경제연구기관의 신뢰성 및 위상에 결정적인 영향을 미침.
6) 가설이 검증절차(일례로 실증분석)를 통하여 타당성을 인정받으면 이론이 될 수 있음. 문제는 여기서 이론이라 함은 진리가 아니기 때문에 경제환경의 변화 등 시간이 경과하면 언제라도 그 타당성이 유효하지 않을 수 있음. 그렇게 되면 이론은 다시 가설로 그 위상이 전락하게 됨. 따라서 경제학을 비롯한 사회과학의 이론을 흔히 '반박 가능한 가설(refutable hypothesis)'이라고 부름.

- 두 변수가 어떤 관계를 맺고 있다 해서 그것이 반드시 원인과 결과의 관계일 필요는 없음.

2.3 | 경제이론의 구분

- 미시경제이론과 거시경제이론
  - 미시경제이론은 개별경제주체의 선택과 개별시장의 움직임에 관심의 초점을 맞추는 반면, 거시경제이론은 경제 전반의 움직임에 관심을 가짐.
  - 경제에 대한 올바른 이해를 위해서는 두 이론이 상호보완적인 역할을 해야 함.
  - 근래에 들어오면서 양자가 서로 유기적인 관계를 맺고 있음이 강조되어 하나를 잘 알아야만 다른 것도 잘 알 수 있다는 인식이 싹트게 되었음.
- 실증경제이론과 규범경제이론
  - 실증경제이론은 있는 그대로의 현실을 분석하는 데 주안점을 두는 반면(예를 들어 국제수지에 적자가 발생했다고 할 때, 그것이 어떤 이유로 발생했으며 어떤 귀결을 가져올지를 객관적으로 분석하는 데만 관심을 갖고 있음), 규범경제이론은 어떻게 하는 것이 바람직한지의 차원에서 경제문제를 논의하는 특징을 갖고 있음.
  - 현실의 경제현상을 해석하는 것이나 정책을 처방하는 일을 둘러싸고 경제학자들이 견해를 달리하는 경우가 많은데, 이와 같은 견해차는 지식의 불완전성 때문일 수도 있고 가치 판단의 차이에서 나올 수도 있음.[7)]

참고자료

(1) 이준구 · 이창용(2012), 《경제학 들어가기》, 법문사.
(2) 이준구 · 이창용(2010), 《경제학원론》, 법문사.
(3) 김승욱 외(2008), 《알짬 시장경제》, 박영사.
(4) 이성표(2007), "기회비용의 이해", 《"click" 경제교육》, KDI경제정보센터, 2007. 03.

7) 견해차가 가치 판단의 차이에서 비롯된 것이라면 어쩔 수 없지만, 만일 지식의 불완전성에 기인한 것이라면 그로 인한 정책결정은 불행한 결과 내지 엄청난 고통을 수반하게 될 것임.

CHAPTER 02

경제구조

1. 경제구조
2. 경제주체
3. '경기가 좋다'는 것의 의미
4. '경기가 나쁘다'는 것의 의미
5. 경기변동
6. 미시경제의 의미
7. 거시경제의 의미
8. 경제성장률의 의미

외환위기 이전 약 10년간 지나치게 가파른 임금 및 지가 상승, 두 자릿수의 고금리, 환율의 고평가로 가계의 실질소득은 빠르게 증가했으나 기업들은 부실해져 결국 위기를 맞게 되었다. 그러나 외환위기 이후, 특히 지난 5년간 이러한 상황은 완전히 역전되어 기업은 부유해졌으나 가계는 부실해졌다. 우리 경제가 다시 위기를 맞게 된다면 그때는 아마 가계발(發) 위기가 될 것이다. 지금 우리 경제에 필요한 것은 주요 가격변수들의 재조정을 유도하는 것이다. 그러나 재조정은 이들을 결정하는 기저에 깔린 구조를 조정하지 않고는 불가능하다. 단기적 통화, 재정정책만으로는 분명한 한계가 있다. 실질임금의 정체를 개선하기 위해서는 생산성 향상뿐 아니라 고용, 분배구조의 변화를 이뤄내야 한다. 그동안 실질임금이 정체돼 온 것은 대기업들의 고용이 줄어든 반면 임금이 낮은 사회복지 분야, 고령층, 여성, 중소기업을 중심으로 고용이 늘었기 때문이다. 여기에 자영업자 증가와 이들의 소득하락은 가계소득의 정체뿐 아니라 소득분배를 악화시켜 왔다. 기업 이윤과 저축이 증가한 것도 일부 대기업 중심으로 이뤄졌으며 다수 중소기업의 재무 상태는 오히려 악화됐다. 이러한 현상을 타파하기 위해서는 생산성 향상과 더불어 노동시장, 공정경쟁 질서, 분배구조 등에 전반적 변화가 일어나야 한다. 대기업 노조의 경직성을 낮추어 이들이 정규직 고용을 늘려가도록 유도하고 대기업과 중소기업 간의 이윤격차 · 임금격차를 줄여 나가며, 임금체계를 개편해 나가야 한다. 그리고 중소기업들의 구조조정을 촉진해 이들의 생산성을 높여 가야 한다. 이를 위해서는 다시 우리의 시장생태계와 금융부문의 변화가 이뤄져야 한다. 과거 일본의 은행원들이 자전거를 타고 중소기업을 수시로 방문하며 그들과 함께 성장해 탄탄한 중소기업 기반을 형성해 온 반면 우리 은행들은 관치 하에서 대기업 대출에 치중하다 위기 이후에는 가계대출 · 소비자금융에 몰두해 왔다. 창조경제와 중소 · 벤처기업의 발전은 금융부문 변화 없이는 이뤄내기 어렵다. 이러한 구조조정은 적어도 5년 내지 10년간 꾸준히 추진해야 비로소 성과를 볼 수 있다. 지금과 같은 경제구조가 지속되면 활력은 더욱 떨어지고 위기의 가능성은 높아진다.

– 조윤제(서강대 교수) –

출처 : 조윤제(2013), "한국경제, 구조개혁으로 활력 찾아야", 《중앙일보》, 2013. 11. 30.

1 경제구조

- 경제는 크게 실물부문의 실물경제와 화폐(금융)부문의 화폐경제로 구분

1.1 | 실물경제

- 실물경제란 물건이나 서비스를 받은 대가로 돈을 지불하는 행위를 통틀어 말함.
- 다시 말해 재화나 서비스가 생산, 소비, 분배되는 경제활동, 즉 기업의 생산활동, 개인의 노동과 소비, 유통업체의 판매 행위 등 실제로 부가가치를 창출하는 경제활동을 말함.
  - 돈의 흐름과 운용을 의미하는 '화폐(금융)경제'의 대립 개념으로서 실물경제의 침체란 이러한 생산 · 소비 · 판매 활동이 위축돼 가치 창출의 총량이 준다는 뜻임.
- 가락시장이나 남대문시장 같은 곳이 실물경제가 이루어지는 대표적인 곳임.
  - 일례로 아이들이 과자를 사는 것이나 어른들이 자동차를 사는 것, 또는 전화요금을 내는 것이나 미장원에 가서 머리를 한 뒤 돈을 내는 것처럼 서비스를 받은 대가로 돈을 지불하는 것 등을 말하는데 후자의 경우는 눈에 보이지 않는 서비스도 '상품'으로 간주하여 돈을 지불하는 것임.

1.2 | 화폐경제

- 화폐경제란 돈이 상품처럼 사람들 사이에서 거래되는, 즉 물건이나 서비스를 주고받음 없이 돈만 오고가는 시스템인 돈 거래 행위를 통틀어 말함.
  - 일례로 돈이 주식 등의 유가증권으로 모습을 바꾸어 시장에서 유통되는 경우 등을 말함.
- 오늘날에는 통신의 발달이나 신용거래의 보급에 힘입어 화폐경제가 급성장
  - 이러한 현상은 돈의 교환이 그만큼 더 복잡해지고 있다는 것을 의미
  - 이에 따라 돈이나 주식을 취급하는 금융기관의 역할도 한층 커지고 있음.

1.3 | 한국의 경제구조

- 일국의 경제구조가 건실하기 위해서는 실물경제와 화폐경제가 경제의 양축을 형성하면서 대등한 입장에서 상호보완적인 관계 속에서 작동되어야만 함.

- 그런데 한국경제는 과거 실물 위주의 경제구조를 보였다고 할 수 있는바, 다시 말해 수출지상주의를 표방하면서 중앙정부 주도의 대표적인 관치경제 속에서 고도성장을 이룩해 냈음.
  - 이런 과정 속에서 금융부문은 실물부문의 하위 개념으로 전락했으며, 기능 역시 초보적인 자금중개기능에 머물러 있었음.
  - 다시 말해 관치금융의 그늘 속에서 자율성이 상실된 채 실물경제를 뒷받침해 주는 보조적 기능을 담당해 왔다고 볼 수 있음.

- 실물 위주의 경제를 지향해 오다가 결국 실물부문의 부실(기업의 부실)이 자율성을 상실한 금융부문의 부실로 이어지면서 우리는 IMF 외환사태를 맞이했다고 볼 수 있음.[8)]

- 현재 자본자유화 및 금융자율화의 추세로 대표되는 금융환경의 변화를 맞이하면서 금융부문 역시 치열한 경쟁적 시장구조로 재편되게 되었으며, 이에 금융기관도 사기업과 마찬가지로 이윤추구를 지향하는 쪽으로 운영하지 않으면 시장에서 퇴출될 수밖에 없게 되었고 우리는 이러한 현상을 현실경제에서 경험하고 있음.
  - 따라서 앞으로 선진금융기법의 도입 등을 통한 금융기관 간 경쟁이 한층 더 치열해질 것으로 예상

8) 최근에는 가계부실(가계부채)에 대한 우려가 문제시되고 있음.

2 경제주체

2.1 경제주체란

- 경제주체란 경제행위를 수행하는 개인이나 집단을 말하는데, 여기서 경제행위란 재화와 서비스를 생산, 교환, 분배, 소비하는 행위를 말함.
- 경제주체는 크게 정부, 기업, 가계(가정)로 나뉘며, 이들 경제주체는 각기 서로 돈과 서비스를 교환함.
  - 일례로 샐러리맨 가정이 기업으로부터 받은 임금의 대부분은 의복비나 식비 등으로 사용되어(소비되어) 국가나 기업으로 환원됨.

2.2 경제주체의 경제행위

- 가계(소비의 주체)의 주요 의사결정행위
  - 소비
  - 생산요소의 공급(노동력의 공급, 저축을 통한 자본의 공급 등)
  - 자산소유(화폐, 채권, 주식 등)
  - 국가에 세금을 내는 행위(탈세사건은 '세금을 내지 않으면서 사회적 서비스를 훔치는 것'과 마찬가지이며, 본질적으로는 '돈을 내지 않고 음식을 먹는 것'과 하등 다를 바 없는 행위임)
- 기업(생산의 주체)의 주요 의사결정행위
  - 재화 및 서비스의 생산 공급
  - 재화 및 서비스의 수요(투자를 의미)
  - 생산요소에 대한 수요(노동과 자본에 대한 수요는 회사채 발행을 통해 이루어짐[9])

9) 기업의 자금조달방식은 다음과 같음. 부족한 자금을 마련하는 방법은 크게 두 가지로 나뉘는데, 한 가지는 은행을 통한 '간접금융'이고 또 하나는 주식·채권 시장을 통한 '직접금융'임. 은행에서

- 정부(민간경제를 조정 · 규제하는 경제정책의 주체)의 주요 의사결정행위
  - 재화 및 서비스의 생산 공급(공공재)
  - 재화 및 서비스의 구입(정부지출)
  - 세금을 거두어들이는 행위(조세수입) ⇒ 만약 정부지출이 조세수입보다 크다면 국공채발행 등을 통해 재원 마련
- 해외부문(4대 경제주체라고 하면 해외부문을 포함)
  - 여기서 해외부문이라 함은 국민경제가 타국과 거래할 때 다른 나라의 가계, 기업, 정부를 포괄해서 사용하는 개념임.[10)]

3 '경기가 좋다'는 것의 의미

3.1 현상적 측면

- 경기란 경제활동 상태를 말함.
- 우선 다음과 같은 쉽게 눈에 띄는 몇 가지 사실을 통해 경기가 좋다는 느낌을 가질 수 있음.
  - 일이 바쁘다든지, 신제품의 품질개선 주기가 짧아지는 경우, 신입사원을 한 번에 많이 채용할 때, 여행 등 레저산업의 매상이 올라가거나 잔업이 많아지고 기업의 수익이 증가하는 등의 상황을 열거해 볼 수 있음.

3.2 기업의 경우

- 기업의 경우에는 '이익률의 향상'이 그 지표로 됨.

돈을 빌리는 것을 간접금융이라고 하는 까닭은 ㉠ 돈을 가진 사람이 여유자금을 맡기면, ㉡ 은행이 그 여유자금을 기업에 빌려주는 두 단계의 절차를 거치기 때문임. 투자자가 자기 돈이 흘러들어가는 기업을 직접 알지 못하는 상태에서 돈의 흐름이 결정되는 셈임. 반면에 주식이나 채권시장에서는 투자자들이 직접 그 기업의 주식이나 채권을 사기 때문에 '직접금융'이라고 함. 투자자들이 돈을 빌려주거나 투자할 기업을 '직접' 고를 수 있다는 의미임.

10) 가계 + 기업 : 민간경제, 민간경제 + 정부 : 국민경제

- 경기가 좋을 때 소비자는 값이 다소 비싸더라도 물건을 사게 되므로 이익률이 높아지는데, 이것이야말로 기업으로서는 신명나는 일이며 또 소비자의 기호도 다양해져 신상품을 찾게 되므로 새로운 자금을 사업을 확장하거나 다변화하는 데 투자하게 됨.
- 물론 노동력에 대한 수요도 늘어나 고용이 증대하게 됨.
- 이렇게 되면 소비가 더욱더 촉진됨.

3.3 국가의 경우

- 우선 임금이 오르기 때문에 소득세나 법인세 등의 세수입이 늘어남.
- 또한 기업의 활동이 활발해져 선행투자 자금의 수요가 늘어나게 됨에 따라 금리가 올라감.
- 나아가 해외무역이 흑자를 기록하게 되어 원화가치가 상승(왜냐하면 달러공급 증대 → 달러가격 하락 → 원화가치 상승)

3.4 시사점

- 이상에서 우리는 가정, 기업, 국가로 이루어진 경제주체가 상호 간에 밀접히 연관되어 있음을 알 수 있음.

4 ‘경기가 나쁘다’는 것의 의미

4.1 현상적 측면

- 우선 경기가 나빠지면 그동안의 거품이 걷혀 물건이 팔리지 않으며, 기업은 감원하거나 신입사원 채용을 미루는 등 나쁜 일이 계속됨과 동시에 보너스도 나오지 않고 사람들의 구매의욕도 떨어짐.

4.2 | 기업의 경우

- 기업은 소비자들이 허리띠를 졸라매기 때문에 상품의 가격을 내릴 수밖에 없으며 따라서 기업의 이익률은 떨어지게 됨.
  - 이익이 줄어들면 기업은 신규 사업에 진출할 수 있는 여유를 갖지 못하게 되므로 시장은 위축되고 경기는 더욱더 냉각됨.
  - 신규 채용이 줄어들면 실업자도 늘어나게 됨.
  - 임금 또한 오르지 않으며 당연히 가계는 쪼들리고 소비는 위축됨.

4.3 | 정부의 경우

- 정부 역시 기업이나 가정의 경기가 나쁘면 정부 형편도 나빠짐.
  - 우선 상품이 팔리지 않고 사람들의 수입이 늘지 않으면 법인세나 소득세 등의 세수도 감소
  - 경기가 나빠지면 정부는 경기를 부양시키기 위해 금리를 내림.
  - 금리가 내려가면 기업은 은행으로부터 부담 없이 돈을 빌릴 수 있음(이자율 하락 → 투자 증대).
- 일찍이 사뮤엘슨(P. Samuelson)은 정부의 경제적 역할을 다음과 같이 집약해서 말한 바 있음.
  - Efficiency(효율성) : 시장실패의 치유[11)]
  - Equity(공평성) : 조세정책 등을 통한 평등사회 지향[12)]
  - Stabilization Policy(안정화 정책) : 안정적 성장 추구

---

11) 시장경제체제는 시장의 자율적인 가격기능과 자유로운 경쟁에 의해 자원의 분배나 생산·소비 등의 경제문제가 효율적으로 해결되는 체제라 할 수 있음. 그러나 현실적으로는 시장 여건이 불완전한 경우가 많이 있으며, 또한 교육이나 환경 등의 문제를 시장기능만으로 해결하기는 어려움. 이와 같이 시장에 의해 자원배분이 효율적으로 이루어지지 못한 상태를 시장실패(market failure)라고 함. 이 경우 정부는 시장경제에서 시장이 제대로 기능할 수 있도록 법과 규칙을 만들고 이를 집행하는 심판자 역할을 함. 그러나 정부의 적절치 못한 대응이나 지나친 개입은 경제의 효율성을 높이기보다는 오히려 떨어뜨리는 경우가 있는데, 이를 정부의 실패(government failure)라고 함(시장실패의 폐해 못지않게 정부실패도 심각한 문제를 낳게 됨). 따라서 대부분의 경제활동은 시장의 경쟁 원리에 맡겨 두고 정부는 시장에서 공정하게 경쟁이 이루어지도록 법이나 제도를 개선하고 지키도록 하는 감시자 역할에 충실함으로써 정부실패를 최소화할 수 있음.

12) 일례로 소득분배의 불균형을 개선하고 소년소녀가장 등 경제적 약자를 배려하는 것도 정부가 해야 할 일임.

4.4 시사점

- 이처럼 경제사회는 경제주체가 서로 맞물려 있기 때문에 상품을 파는 사람과 사는 사람, 돈을 빌려주는 사람과 빌리는 사람 가운데 한쪽의 활동이 둔화되면 연쇄적으로 다른 쪽도 즉각 영향을 받음.

5 경기변동

5.1 경제적 의미

- 경제활동이 상당한 규칙성을 보이며 변동하는 것을 경기변동이라고 하며 이런 현상이 되풀이된다고 해서 경기순환[13]이라고 함.
  - 경기변동이란 국민총생산, 고용, 소비, 투자, 이자율, 물가 등 거시경제변수들이 서로 밀접한 연관성과 지속성을 가지고 순환·진동하는 현상임.

- 자본주의 사회가 아무리 자유 시장경제 원리를 전제로 하고 있다고 해도 경기가 그저 아무렇게나 좋아지거나 나빠지는 것은 아니고 여기에는 일정한 법칙이 있음.
  - 경기가 좋아지면 소비의욕이 높아져 상품이 잘 팔리고 임금도 올라감.
  - 기업도 상품이 잘 팔리기 때문에 굳이 가격을 내릴 필요가 없고 오히려 가격을 올림.
  - 그러나 상품이 잘 팔린다고 지나치게 생산을 늘리면 과잉공급이 이루어져 점차 상품이 팔리지 않게 되고 경기가 침체됨.
  - 기업은 새로 투자하기를 꺼리고 각종 경비를 줄이며 임금을 내림.
  - 이렇게 되면 물가나 금리가 내려가기 때문에 소비가 늘고 저축이 줄게 되어 다시 경기가 회복됨.

- 상품의 가격은 사는 사람과 파는 사람이 매매시점에서 가장 손해를 보지 않는 값에 결정되며, 가격이 작은 변동을 반복하는 가운데 경기는 완만하게 순환함.

---

13) 호황(prosperity) → 후퇴(recession) → 불황(depression) → 회복(recovery)의 사이클을 나타냄.

• 기본적으로 수요와 공급이 일치하는 상태에서 균형가격이 결정되며, 이렇게 결정된 시장균형가격이 시장기능을 작동케 해주는 일종의 신호등 역할을 하게 되는 것임.

- 자유 시장경제 아래에서는 정부가 정책을 펴지 않아도 경기는 기본적으로 변동, 순환함.
  • 그러나 지나치게 변동이 큰 것은 좋지 않기 때문에 정부는 금리를 올리거나 내리는 등의 정책을 펴서 경기를 조절하는데, 이것이 이른바 금융정책임.
  • 이 밖에 정부는 재정정책(정책수단변수로서 정부지출이나 조세수입을 사용)이나 외환정책 등을 사용함.

5.2 경기변동의 특징

- 첫째, 거시경제변수들이 비슷한 방향으로 서로 연관성을 가지고 움직임(공행성).
  • 예컨대 생산, 고용, 소비, 투자, 정부지출, 이자율 등의 변수들이 경기호황기에는 상승하는 방향으로, 경기침체기에는 하강하는 쪽으로 상호의존성을 갖고 변화함.
- 둘째, 경기변동은 순환성을 갖고 있음. ⇒ 즉 경기는 어느 한 국면으로 계속되지 않고 '후퇴 → 불황 → 회복 → 호황'의 수축국면과 확장국면이 거듭 되풀이되는 경향이 있음.
  • 경기변동의 이러한 순환성은 인위적인 정책으로 나타나는 것이 아니고, 자연질서에 의하여 사계절이 반복되는 것처럼 자본주의 경제의 속성상 경제움직임이 순환성을 갖고 조정되게 된다는 것임.
- 셋째, 경기변동은 연속성을 보임.
  • 경기가 호황과 불황, 그리고 회복과 후퇴의 과정에서 호황이라든가 불황은 상당 기간 연속되게 됨.
  • 실제 경제에서 호황이 어느 기간 동안 유지되면서 거품현상으로 이어지는 경우를 발견할 수 있는데, 이것은 경기변동의 연속성을 입증해 주는 사례에 속함.
- 넷째 경기변동상 비정규성(irregularity)이 나타나고 있음.
  • 경기변동에 있어서 정점까지의 진폭과 저점까지의 진폭이 일정하게 나타나지 않기 때문에 정점으로부터 저점에 이르기까지 거시경제변수의 진폭이 경기순환기에 따라 매우 다르게 된다는 것임.

- 예컨대 1960년대에는 정점과 저점 간의 GDP변화율이 1～2%였는데, 2000년대 이후 3～4%로 확대된 결과는 경기변동의 비정규성을 보여줌.

- 다섯째, 경기변동은 비대칭적임.
  - 오늘날 대부분의 선진국은 경기변동에 있어서 확장국면이 비교적 오래 지속되는데 비하여 수축국면은 비교적 짧게 끝나는 양상을 보이고 있음.
  - 일례로 미국경제는 1990년대 거의 10년 가까이 긴 호황을 이룬 반면, 일본은 1990년대 잃어버린 10년의 침체국면을 보였음.
  - 경기변동에 대한 예측력이 개선되고 경기변동의 대응이 다양화되면서 경기확장국면과 경기수축국면 사이의 비대칭성은 더욱 심화될 것임.
  - 따라서 경기확장기간을 늘리고 경기수축기간은 단축하려는 정책적 노력이 증대될 것으로 전망됨.

- 여섯째, 경기변동은 거시경제변수들 간에 매우 불평등하게 전파됨.
  - 재고투자는 GDP 중 매우 작은 비중을 차지하고 있음에도 불구하고, 경기변동으로 인한 진동 폭은 어떤 변수들보다 크게 나타나는 경향이 있음.
  - 고용과 생산, 그리고 교역량의 경우도 경기변동에 따른 진폭이 상대적으로 크지만, 이자율이나 환율과 같은 매개변수들의 진동 폭은 상대적으로 작게 나타나는 경향이 있음.

5.3 경기변동의 유형

- 경기변동의 전형적인 양상과 그 원인을 연구하는 이론을 경기변동이론이라고 하는데, 대체로 경기변동은 일정한 유형을 띠고 있음.

- 경제학에서는 일반적으로 기업의 재고투자 변동 때문에 일어나는 단기파동(키친순환; Kitchin cycle), 기업의 설비투자 변동 때문에 일어나는 중기파동(쥬글라순환; Juglar cycle), 기술후퇴 등으로 인한 장기파동(콘드라티에프장파; Kondratiev's wave) 등으로 나누어 설명
  - 투자수요의 경우, 총수요 항목 가운데 가장 변동이 큰 항목이므로 경기변동의 주된 요인으로 주목받아 왔음.
  - 주기의 장단에 따른 구분이라고 할 수 있음.

① 키친의 단기파동(또는 소순환)

- 3~5년을 주기로 하는 경기변동이며, 발견한 사람의 이름을 따서 키친(J. A. Kitchin) 순환이라고도 함.
- 주된 요인으로 재고투자를 들 수 있기 때문에 재고순환이라고도 함.
- 재고투자의 메커니즘(통화공급이나 이자율의 변동, 기업의 재고변동 등에 따라서 일어나는 단기적인 순환)
  - 경기가 호황일 때는 상품이 잘 팔리기 때문에 기업은 공급이 달릴 것에 대비, 생산을 확대하여 재고량을 늘림.
  - 그러나 생산이 지나치게 확대되면 재고량이 수요보다도 많아짐.
  - 그러면 기업은 생산과 구입을 축소하고 재고량을 줄임.
  - 이와 같이 기업의 활동이 위축되면 시중의 돈이 묶이는데, 그러면 가정이나 정부에서도 돈이 돌지 않아 경기는 점차 나빠짐.
- 우리들이 평소 가장 가깝게 느끼고 있는 파동에 해당됨.

② 쥬글라의 중기파동(또는 주순환)

- 쥬글라(J. C. Juglar)의 중기파동은 기업의 설비투자 변동 때문에 일어나는 8년부터 12년까지 평균 10년 정도를 주기로 하는 경기순환을 말함.
- 설비투자의 메커니즘
  - 경기가 좋으면 기업은 설비투자를 늘려 사업을 확장하며 은행으로부터 차입도 늘림.
  - 이렇게 되면 금리가 오르고 근로자의 임금도 올라서(노동수요 증대로 인해) 경영을 압박하게 됨.
  - 이에 다시 기업은 설비투자를 줄이는 등 몸을 움츠리게 됨.
  - 오래지 않아 금리가 내려가면 기업은 돈을 빌리기가 쉬워지고, 소비자는 돈을 저축하기보다는 상품을 사는 데 쓰게 되어 경기가 호전됨.

③ 콘드라티에프의 장기파동

- 콘드라티에프(N. D. Kondratiev)의 장기파동은 최저 40년부터 최장 70년까지 평균 50년 정도의 주기를 가지고 있음.

- 장기파동의 요인으로는 전쟁, 식민지개척, 금광발견, 식량생산변동, 기술혁신 등이 지적되고 있음.
  - 장기파동의 요인으로 기술혁신을 강조한 슘페터(J. A. Schumpeter)의 견해가 가장 유력하게 받아들여져 왔음.
- 자본주의 경제는 지난 200년 동안 약 50년을 주기로 하여 세계적 규모의 장파를 겪어 왔음.
- 장파는 여러 가지 경제적 · 경제외적 요인이 복합되어 일어남.
  - 전쟁이나 혁명 등의 요인에 중점을 두고 보면 제1차 장파는 나폴레옹 전쟁, 제2차 장파는 보불전쟁과 남북전쟁, 제3차 장파는 제1차 세계대전을 정점으로 하여 형성되었음.
  - 기술발명 등의 요인에 중점을 두고 보면 제1차 장파는 산업혁명, 제2차 장파는 철강 · 철도 등의 기술혁명, 제3차 장파는 석유 · 자동차 · 전기 등의 기술혁명에 의해 형성되었다고 볼 수 있음.

④ 쿠즈네츠의 건축순환

- 쿠즈네츠의 건축순환(building cycle)은 쿠즈네츠(Simon Kuznets)가 발견한 것으로 약 20년의 주기를 가지고 있음.
- 주된 요인으로 주택이나 임대 빌딩 등의 건설을 들고 있음.

⑤ 실제의 경기변동

- 실제의 경기변동은 그때그때의 경제환경 속에서 상기 4개의 유형이 매우 다양하게 엉켜서 나타날 것임.
- 실제로 1960년대 이후 세계적인 경기변동 현상은 약 3~4년 정도를 주기로 하여 경기가 소순환(단기순환)되는 국면을 보여 온 것이 일반적인 현상임.
- 최근 우리나라의 경기주기는 단기화 되는 경향이 두드러지고 있음.
- 경기회복의 속도와 진전에 따른 유형
  - 경기가 회복되는듯하다가 다시 침체에 빠지는 국면이 반복되는 W자형, 경기가 완만하게 회복되는 U자형, 경기가 빠르게 회복되는 V자형, 그리고 경기가 장기간 침체의 늪에 빠지는 L자형 등 다양한 경기상황이 나타나고 있음.

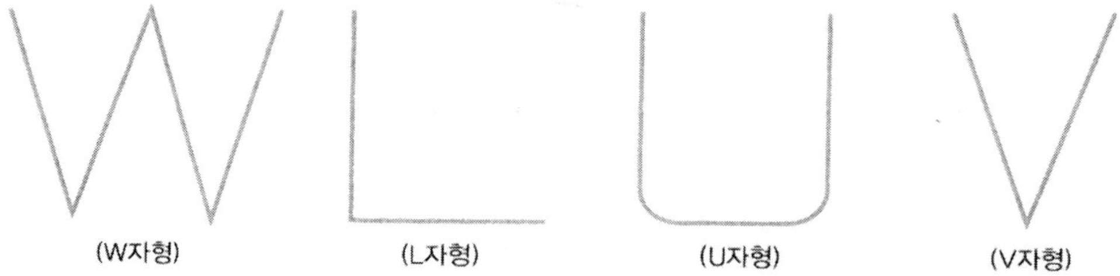

W자형: 더블딥 현상(예: 금융위기 이후 국가 채무에 휩싸인 남유럽국가들)
L자형: 장기경기침체 현상(예: 90년대 일본의 잃어버린 10년의 경제)
U자형: 완만하고 느린 경기회복(예: 금융위기 이후 유럽 경제)
V자형: 가파르고 빠른 경기회복(예: 금융위기 이후 중국, 인도 경제)

[그림 2-1] 경기회복의 유형

5.4 | 국제적 경기변동론

- 오늘날 세계 각국의 경제가 개방화되고 무역거래의 자유화와 금융시장의 국제화가 급속히 진전됨에 따라 국제간의 상호의존성이 높아지고 있음.
  - 최근 국제금융위기는 각국의 국내경제차원에서 머물지 않고 글로벌 경제위기로 확산됨으로써 세계적인 경기침체로 이어졌음.

- 국제간 상호의존성이 증대되면서 세계 각국의 경기변동이 동조화(synchronization) 되는 경향은 1970년대 이후 선진국들에서 특히 두드러졌음.
  - 세계경제의 이와 같은 흐름에 맞추어 특히 선진국 경제의 경기변동에서 국제적으로 공행성을 보이는 경향이 있음.

- 국제적 경기변동이 관심을 끌게 된 이유
  - 세계경제의 개방화가 확대되고 정보통신기술이 급속히 발전하면서 경제적 충격의 국제적 전파속도가 빨라지고 있다는 점임.
  - 정보통신시대에 금융시장과 주식시장에 대한 정보가 대량화되고 다양화되면서 경제적 충격은 즉시 국제자본이동이나 신용평가에 그대로 반영되게 됨.
  - 나아가 경기변동을 국제적으로 전달하는 메커니즘 역시 다양해지고 있는데, 일례로 어느 한 나라의 투자효율성에 대한 충격은 국제자본이동을 통하여 타국의 투자효율성에도 영향을 미치게 되고, 두 나라 간의 교역조건에 대한 충격은 교역상대국 간의 수출과 수입을 변동시키게 됨.

- 국가 간 경기변동이 상호의존성을 갖고 비슷한 양상을 보이도록 하는 파급경로, 즉 한 나라의 경기변동이 다른 나라로 파급될 수 있도록 하는 경로는 소비, 투자, 국가 간 기술이전 또는 국제금융거래 등을 통하여 이루어짐.

6 미시경제의 의미

6.1 사전적 의미

- 미시경제에서 미시란 영어로 '마이크로'로서 원래 '극소'라는 의미이기 때문에 미시경제라 함은 경제를 '미시적'인 관점에서 바라본다는 뜻임.
  - 이는 나라 전체의 경기나 물가의 오르내림 등과 같은 큰 시각으로 경제를 보는 것이 아니라 가정의 소비자나 현장의 생산자들, 개별기업의 활동에까지 파고 들어가서 경제를 미세하게 바라보는 사고방식을 말함.

6.2 미시경제의 분석대상

- "나 한 사람이 무엇을 바라고 있건 그것은 세상의 움직임에 아무런 영향도 미치지 않는다"고 생각할지도 모르지만 사회 전체의 수요와 공급을 분석해 보면, 소비자의 활동이 대단히 큰 의미를 갖고 있음을 알 수 있음.
  - 일례로 어느 개인이 자기 소득으로 어떤 재화를 얼마나 구매하는 것이 가장 행복할까, 또는 기업이 무엇을 얼마만큼 생산해서 얼마 받고 파는 것이 가장 이윤이 많이 생길까 하는 등의 경제문제를 연구대상으로 함.
  - 기업의 경우만 보더라도 신제품을 출하하거나 새로운 사업을 시작할 때는 소비자나 사용자를 상대로 대대적인 마케팅 조사를 하고, 그 결과에 기초하여 가격이나 생산량을 결정함.
  - 또한 이미 판매된 상품에 대해서도 가격·만족도 등에 대한 소비자의 판단을 기준으로 어느 상품이 얼마만큼 팔렸는가를 조사함.

- 이와 같이 미시경제는 가정과 기업을 분석대상으로 함.
  - 다시 말해 가계와 기업의 의사결정과정을 분석하고 이들이 시장에서 어떻게 상호 작용하는가를 연구하는 분야임.

7 거시경제의 의미

7.1 사전적 의미

- 미시경제에 대칭되는 것이 거시경제로서 매크로 경제는 국가경제 전체를 연구대상으로 함.
  - 특히 경제 전체를 나타내는 국민소득, 물가, 이자율, 환율 등과 같은 주요 거시경제변수들 간의 관계, 경제정책이 이들 변수에 미치는 영향, 경제의 운용방식 등이 거시경제의 주요 관심사

7.2 거시경제의 분석대상

- 간단히 말해서 가정, 기업, 국가라는 세 경제주체가 상호 관련되어 있는 집단적이고 총체적인 경제행위를 분석대상으로 삼고 있음.
  - 경제지표라는 필터를 통해 국가경제의 흐름 및 움직임을 파악하려는 것임.
- 결과적으로 거시경제는 경제 전체에 미치는 변수와 추세에 관하여 연구하는 분야라 할 수 있음.

7.3 미시경제와 거시경제의 상관성

- 그러나 미시경제와 거시경제는 서로 밀접한 관계가 있음.
  - 왜냐하면 경제 전체의 변화는 수많은 개인과 기업의 개별적인 의사결정에 의해 이루어지기 때문

- 따라서 미시적 현상을 고려하지 않고서는 거시적 현상을 이해하기가 곤란
  - 이를 거시경제학의 미시경제학적 기초(microeconomic foundations of macroeconomics)라 부름.

- 그러므로 미시경제학과 거시경제학의 구분은 설명의 편의를 위한 것이고, 반드시 이분법으로 구분되는 것은 아님.
  - 거시경제학의 토대에는 미시경제학이 존재하고, 미시경제학의 설명들은 거시경제학의 틀 속에 존재하는 부분이 됨.

8 경제성장률의 의미

8.1 | 경제적 의미

- 우리는 흔히 "경제가 고도성장을 하고 있다"든지 "경제성장률이 높다"든지 하는 말로 경제 상태를 나타내곤 함.

- 경제가 성장한다는 것은 GNP나 GDP의 수치가 지난해보다 커졌다는 것을 의미
  - 경제가 성장하면 기업의 실적이 좋아지고, 임금이 오르며, 소비가 늘고, 수출이 증가하는 등의 현상이 잇따라 나타남.
  - 이와 같은 경제현상이 나타나면 "경제가 성장하였다"고 말함.

- GNP 혹은 GDP 아니면 GNI[14]의 증가율이 다름 아닌 경제성장률임.

---

14) 국내총생산(GDP)은 한 나라의 국경 안에서 생산된 것만 포함됨. 즉 보통 1년 동안 한 나라에서 생산된 모든 최종 재화와 서비스의 시장가치를 뜻하는 데 반해 국민총소득(GNI : Gross National Income)은 국내총생산 중에서 외국인에게 지급한 소득은 제외하고 해외로부터 국민이 받은 소득이 포함됨. 한마디로 GDP는 국경을 중심으로 하고, GNI는 사람의 국적을 중심으로 계산됨. 한편 1인당 GDP를 통해 어느 나라 국민이 더 잘 사는가를 국제적으로 비교할 수 있음. 그렇지만 생활수준을 비교하려면 생산량보다는 구매력, 즉 실질소득을 비교하는 것이 더욱 의미가 있음. 예컨대 1인당 GDP가 작년과 올해 변동이 없더라도 수입단가가 상승하여 교역조건이 나빠지면 일정량의 상품을 수출하여 수입할 수 있는 상품의 양이 감소하게 되어 그만큼 구매력이 감소하는 것임. 즉 1인당 GNI가 줄어드는 것임. 최근 들어 국가 간 개개인의 생활수준을 비교하기 위해서는 1인당 GDP보다는 1인당 GNI를 더 많이 사용하고 있음. 최빈개도국 지위를 결정하는 데도 1인당 GNI 지표가 사용됨. 이와 관련하여 조선경제(2010.3.12) 참조.

8.2 우리나라의 경우

- 우리나라는 1960년대 초반까지만 해도 1인당 GNP가 1백 달러도 안 되던 아주 가난한 농업국이었음.

- 그러다가 1960년대 중반부터 수출주도형 성장전략을 추진하면서 급속한 경제성장을 해왔음.

- 이후 1980년의 −3.7%를 제외하면 IMF 외환위기 이전까지 대체로 연평균 10% 안팎의 고도성장을 해왔는데, 특히 1986~1988년에는 3년 연속 12~13%대의 높은 경제성장률을 기록하였음.

- 그러나 IMF 외환위기 이후 다시 경제성장률이 낮아지고 있는바, 물론 경제가 어느 정도 성숙하면 안정적인 경제활동을 영위하게 되어 성장률이 떨어짐.
  - 폴 크루그만(P. Krugman)은 동아시아 개도국의 경우, 생산요소의 양적 확대가 국가경제의 성장을 주도한 반면 생산요소의 질적 향상을 통한 성장은 미미한 결과, 경제성장에 한계가 오고 있다고 진단한 바 있음.

- 문제는 2014년 새해를 맞이한 시점까지도 한국경제에 대한 평가가 낙관적이지 못하다는 데 있음.
  - 매일경제(2014. 1. 2)는 대한민국이 현재 '4저(低)의 덫'에 갇혀 있다고 진단했음. ⇒ 즉 저성장, 저물가, 저출산, 저고용의 늪에 빠져 있다는 것임.
  - 한국경제상황이 과거 일본과 흡사하다는 염려가 커지고 있음. ⇒ 즉 성장잠재력 약화에 국내투자 침체, 저출산·고령화와 양극화 심화, 부동산시장 부진, 고용환경 악화 등 여러 측면에서 일본을 닮아가고 있기 때문임.[15]

15) 실질 국내총생산(GDP) 증가율에서 잠재성장률을 뺀 GDP갭률(성장잠재력만큼 제대로 성장하는지 보여주는 지표) 곡선은 2005년 이후 한·일 양국이 '판박이' 모양새를 나타내고 있음. 특히 2009~2012년 연속으로 GDP갭률이 사실상 마이너스를 기록해 두 나라 모두 잠재성장률을 밑도는 성장세를 보였음. 투자 부진도 심각한 문제임. 2001년부터 일본 투자증가율(설비투자와 건설투자 합계)은 평균 −0.2%에 불과했음. 한국도 사정은 마찬가지임. 같은 기간 투자증가율은 평균 1.9%로 일본보다는 높지만, 최근 5년간 평균 투자증가율은 −0.1%임. 설비투자증가율에서도 2000년대 들어 일본은 평균 0.9%에 머물고 있음. 한국은 일본보다는 높지만 2000년대 들어 일본과 유사한 투자곡선을 그리고 있음. 반면 1995~2011년 국외 직접투자는 일본이 연평균 10.7%, 한국이 11.5%씩 증가해 산업 공동화 염려를 피하지 못하는 상황임. 한국의 저출산·고령화 속도는 일본보다 심각함. 일본은 0~14세 인구 대비 65세 이상 인구비중을 나타내는 노령화 지수가 1990년 65.2에서 2010년 169.8, 2015년에는 202.0까지 급격히 상승하게 됨. 한국도 노령화 지수가 1990년 20.0 수준에서 2015년에는 94.1까지 가파르게 오를 것으로 예상됨. 달러화와 엔화에 대해 강세를 보이

- 저성장의 덫에서 벗어나 새로운 성장곡선을 그리기 위해서는 정부가 소비와 투자 등 내수 진작을 통해 성장에 올인해야 함.
  - 우선 기업의 투자 활성화가 중요한데, 이를 위해서는 기업규제 완화가 최우선 과제임.
  - 정부 차원에서 고부가가치 서비스업 발전을 위한 육성대책 마련도 필요함. ⇒ 즉 의료·교육·문화 등 고부가가치 지식 서비스산업을 도약시키기 위해 진입장벽과 규제를 낮출 필요가 있음.
  - 정부와 정치권의 리더십 회복도 필요한 부분임. ⇒ 즉 사회적 갈등을 조율하고 합리적인 의사결정을 내리는 사회적 역량과 리더십을 얼마나 갖췄느냐가 국가경제를 회생시킬 주요 관건이라 할 수 있음.

8.3 문제점

- 경제성장률은 한 나라의 경기나 국민후생의 정도를 나타내는 지표로서는 여러 가지 문제점을 안고 있음.
  - 즉 높은 경제성장률이 곧 활발한 경제활동이나 국민생활의 풍요로움을 의미하는 것은 아님.
  - 경제성장률은 단지 '한 나라 경제의 발전단계'를 나타내 줄 뿐임.
  - 최근 다양한 국민소득 관련 지표를 개발해 냄으로써 이러한 문제점을 보완하기 위한 노력이 계속되고 있음.

- GDP 개념의 한계
  - 첫째, GDP 추계방법이 전체적인 일관성을 결여하고 있음.[16]

는 '원고' 추세는 한국 기업의 수출경쟁력을 떨어뜨리고 수입물가를 낮춰 저성장·저물가 구도를 더욱 부채질할 수 있음. '저성장·저물가' 증상은 디플레이션 공포를 떠올리게 하는 위험신호임. 과거 일본도 1990년대 중반부터 디플레이션 기대심리가 기업과 소비자들을 짓눌렀음. 소비자들이 소비를 미루고 자산가격 하락과 함께 기업투자가 위축되면서 내수가 침체되는 악순환에 빠져들었음. 우리나라의 2013년 9월 소비자물가 상승률은 0.8%로 일본(1.1%)보다 낮아지는 역전현상이 초래됐음. 이러한 역전현상은 한국경제가 일본식 디플레이션 국면에 진입하고 있다는 경고신호일 수 있음. 고용악화도 심각함. 일본은 2008년부터 4년 연속으로 총고용자 감소세가 이어져 고용한계상황에 직면했다는 평가를 받았음. 한국도 정규직 고용자 수가 미미하게 증가하고 있지만, 비정규직 비중이 크게 늘어 양질의 고용창출은 어려운 상황임. 이와 관련하여 매일경제(2014.01.02) 참조.

16) 각국의 국민소득계정은 주거생활이 중요하다는 전제하에 주택소유자가 자기 집에서 살고 있어도 마치 집을 빌려주어 임대료를 받는 것처럼 처리하는데 이를 귀속임료(imputed rent)라 함. 귀속임료는 시장에서 거래되지 않아도 추계되어 GDP에 포함되는 것임. 한편 가정주부가 가족을 위

• 둘째, GDP는 소비자들이 즐기는 여가를 충분히 감안하지 않고 있음.
• 셋째, GDP는 물질적 생산만을 계산하고 생산과정에서 파생되는 대기오염 · 수질오염 · 소음 등의 공해와 자연파괴, 교통체증, 범죄증가와 같은 부작용은 도외시하고 있음.
• 넷째, GDP는 상품의 질적 변화를 제대로 반영하지 못함. ⇒ 즉 소비자의 만족도에 영향을 미치는 품질의 변화를 GDP는 제대로 평가하지 못함.[17)]
• 다섯째, GDP는 사채 · 부동산투기 · 밀수 · 마약 · 탈세 등 이른바 '지하경제'의 규모를 반영하지 못하는 제약을 가짐.

- 순경제후생지표
  • GDP 개념의 한계를 보완하여 진정한 의미에서의 경제적 후생을 측정하기 위해 미국의 경제학자 토빈(J. Tobin)과 노드하우스(W. Nordhaus)가 경제후생지표(Measure of Economic Welfare : MEW)라는 개념을 만들어 냈음.
  • 경제후생지표는 GDP에 가정주부의 서비스와 여가의 가치를 더하고 공해비용을 뺀 것임. ⇒ 사뮤엘슨(P. Samuelson)은 이를 순경제후생(Net Economic Welfare : NEW)이라 불렀음.
  • 문제는 순경제후생을 측정하는 데 객관적인 수량화가 어렵다는 것임.

참고자료

(1) 김상조(2001), 《손바닥 경제》, 사계절.
(2) 김준영(2011), 《거시경제학》, 법문사.
(3) 김대식 외(2012), 《현대 경제학원론》, 박영사.
(4) 2014. 01. 02., 《매일경제》
(5) 2010. 03. 12., 《조선경제》

하여 제공하는 식사 · 빨래 · 육아 · 청소 등의 가치는 시장에서 거래되지 않는다는 이유로 GDP에 포함되지 않음.

17) 예컨대 컴퓨터는 성능이 계속 향상되는데도 가격은 하락하고 있는 반면에 노트와 라면 등은 가격인상을 규제하여 가격이 변하지 않아도 단위분량이나 품질이 떨어지는 측면이 있음.

CHAPTER 03

시장메커니즘

중소기업과 대기업 사이에서 벌어지는 불공정거래행위를 근절하려면 시장메커니즘에 의한 새로운 형태의 개선 방안이 필요하다는 주장이 제기됐다. 2014년 5월 28일 서울 여의도 중소기업중앙회관에서 열린 '중소기업 창조경제확산위원회 제9차 회의' 주제발표자로 나선 이춘우 서울시립대 교수는 "대-중소기업 간 불공정거래 문제 대부분이 관련 법률에 위반되지는 않지만, 부당하고 불공정한 행태로 나타나고 있다"면서 "시장메커니즘을 통해 대-중소기업 간 힘의 불균형을 해결해야 한다"고 강조했다. 이에 따라 이 교수는 ▷ 공정거래위원회의 전속 고발권을 중소기업협동조합 등 중소기업 유관단체나 시민단체까지 확대 ▷ 불공정 거래 감시 · 고발 전문 소셜 벤처기업의 설립 ▷ 구매기업에 의한 공급사 직접 경영평가 금지 및 공급협력사 제3평가기관 심사 의무화 ▷ 최저가격 낙찰제에서 상생가격 낙찰제로 전환 ▷ 핵심기술인력 임치제도[18] 및 핵심임직원 억대 연봉 지원제도 등을 제안했다.

– 이춘우 서울시립대 교수 –

출처 : 2014. 05. 28., 《헤럴드경제》

18) SW 임치제도 : SW개발기업의 지적재산권을 보호하고, 사용자는 개발기업의 폐업 등의 경우에도 저렴한 비용으로 안정적으로 SW를 사용할 수 있도록 SW 개발기업과 사용권자가 합의해 소스코드와 기술자료 등을 신뢰성 있는 제3의 기관에 보관하는 제도. 미국의 경우에는 포춘지 선정 500대 기업가운데 75%가 이용할 정도로 활성화돼 있음. 〈네이버〉-지식백과-한경 경제용어사전 참조.

1 수 요

1.1 수요와 수요량

① 수요[19)]

- 여러 개의 가격과 그 가격에 해당하는 구매량 간의 관계 모두를 나타냄.
- 일정기간을 전제로 한 유량변수[20)]
- 수요는 수요표나 수요곡선으로 나타낼 수 있음.

② 수요량

- 어느 하나의 가격에 해당하는 구매량을 말함.
- 해당 가격에 구매를 원할 뿐만 아니라 실제로 구매할 수 있는 수량을 의미

③ 수요표

- 어느 재화의 가격과 그 재화의 수요량 사이의 관계를 나타내는 표
- 일례로 김군의 아이스크림에 대한 수요를 표로 나타내면 다음과 같음.

19) 일반적으로 수요란 '소비자가 일정기간 동안 재화를 구매하고자 하는 욕구'라고 정의할 수 있음. 수요는 '실현된 욕구'를 의미하는 것이 아니라 '의도된 욕구'를 뜻함. 물론 여기서 의도된 구매라는 의미는 유효수요(effective demand), 즉 '실현 가능성이 있는 구매욕구' 혹은 '구매력이 있는 사람들의 욕구'를 뜻함.

20) 유량과 저량 : 상품의 수요량처럼 일정한 기간을 기준으로 그 양을 측정해야 하는 것을 유량이라고 하고, 재산처럼 일정한 시점을 기준으로 그 양을 측정해야 하는 것을 저량이라고 함.

〈표 3-1〉 김군의 아이스크림에 대한 수요

가격(천 원)	수요량(통/월)
25	8
20	12
15	16
10	22
5	29

④ 수요곡선

- 어느 재화의 가격과 수요량 사이의 관계를 보여주는 우하향하는 그래프
- 앞서 제시한 수요표를 토대로 김군의 수요곡선을 그려보면 [그림 3-1]과 같음.

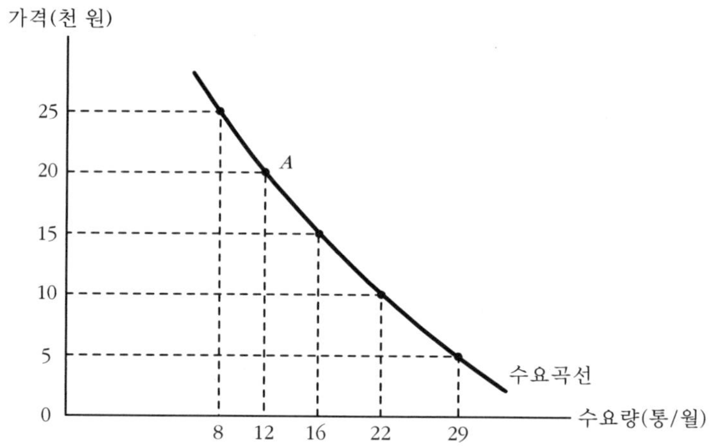

[그림 3-1] 김군의 수요곡선

⑤ 시장수요곡선

- 시장수요곡선은 각 소비자의 수요곡선(개별수요곡선)을 수평 방향으로 더한 것으로 나타낼 수 있음.
- 개별수요와 시장수요를 그림으로 나타내면 [그림 3-2]와 같음.

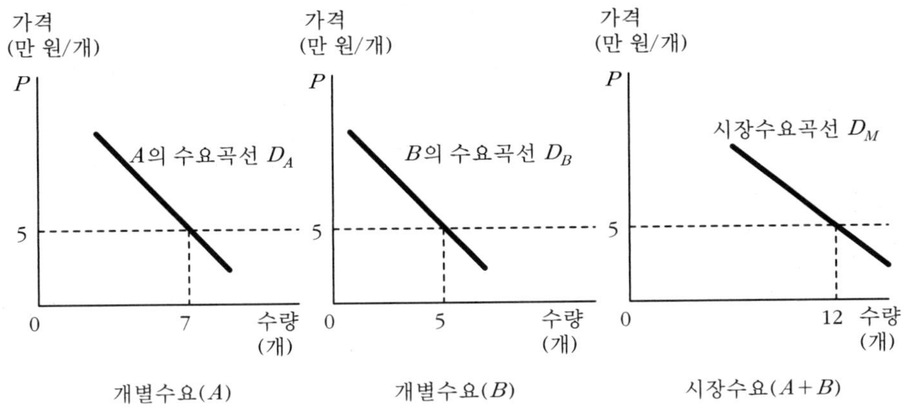

[그림 3-2] 개별수요와 시장수요

⑥ 수요의 법칙

- 다른 조건이 불변일 때 어떤 재화의 가격이 상승하면 그 재화의 수요량이 감소하는 법칙, 즉 가격과 수요량 간의 역의 관계를 말함.

1.2 | 수요의 변화와 수요량의 변화

- 수요의 변화는 수요표나 수요곡선 전체의 변화를 의미
- 수요량의 변화는 수요곡선 위의 어느 한 점에서 다른 점으로 이동하는 것을 의미
- 수요량의 변화를 결정하는 요인 : 해당 상품의 가격 ⇒ 수요곡선 상의 이동
- 수요의 결정요인(수요의 변화를 초래하는 요인) ⇒ 수요곡선 자체의 이동
  - 관련 재화(보완재, 대체재 등) 가격의 변화 : CD플레이어 가격의 급등은 CD수요를 감소시키며 핸드폰 가격의 하락은 무선호출기나 유선전화기의 수요를 감소시킴.
  - 구매자 기호(=취향)의 변화 : 구매자가 핸드폰을 유선전화기보다 더 선호하면 핸드폰에 대한 수요가 늘어나며 최근에는 환경오염의 증가에 따라 자연식품을 선호하는 소비자들이 증가하고 있는데, 구매자의 기호는 주관적인 것이므로 사람에 따라서 재화의 가치를 다르게 평가함.[21)]

- 구매자 소득의 변화 : 소득의 증가는 각종 상품에 대한 수요를 증가시키지만 헌 옷이나 재생타이어 같은 열등재(inferior goods)에 대한 수요는 오히려 감소시킴.
- 구매자 수의 변화 : 출산율의 감소로 인한 유아 수의 감소는 유아 관련 제품의 수요를 감소시키며 방학이 되어 학생들이 귀향하면 학교 앞 상점들의 물건에 대한 수요는 감소함.
- 기대심리의 변화 : 겨울에 혹한이 예상되면 겨울 상품에 대한 수요증가와 가격상승이 기대되며 앞으로 경제침체가 심화될 것으로 예상되면 소비를 전반적으로 줄임.
- 기타요인 : 소비자신용, 정보 등의 변화

- 수요곡선 상의 이동과 수요곡선 자체의 이동을 그림으로 나타내면 [그림 3-3]과 같음.

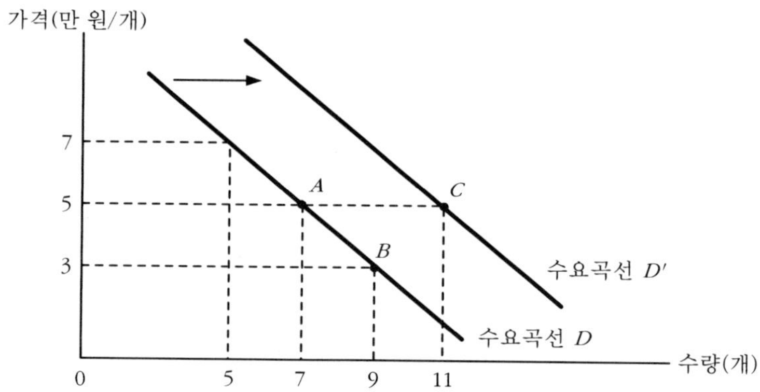

[그림 3-3] 수요곡선 상의 이동과 수요곡선 자체의 이동[22]

21) 예를 들어 우리가 좋다고 평가하여 보낸 선물을 받은 사람도 좋게 생각한다는 보장이 없음. 사실 선물을 잘하는 것은 참으로 어려운 일임. 왜냐하면 사람마다 재화의 가치를 다르게 생각하기 때문임.

22) 상품의 가격이 변할 때 나타나는 변화는 수요곡선 상의 이동으로 나타나며, 이는 '수요량의 변화'라고 함. 반면에 해당 상품의 가격이 아닌 다른 변수들의 변화는 수요곡선 자체의 이동으로 나타나며, 이는 '수요의 변화'라고 부름.

2 공 급

2.1 공급과 공급량

① 공급[23)]

- 여러 개의 가격과 각각의 가격에 해당하는 판매량과의 관계 모두를 나타냄.

② 공급량

- 어느 하나의 가격에 해당하는 판매량을 말함.
- 생산자가 그 가격에 판매할 의향이 있고, 실제로 판매할 능력이 있는 양을 의미

③ 공급표

- 어느 재화의 가격과 그 재화의 공급량 사이의 관계를 나타내는 표

④ 공급곡선

- 어느 재화의 가격과 공급량 사이의 관계를 보여주는 우상향하는 그래프

⑤ 시장공급곡선

- 시장공급곡선은 개별공급곡선을 수평 방향으로 더한 것으로 나타낼 수 있음.
- 개별공급과 시장공급을 그림으로 나타내면 [그림 3-4]와 같음.

23) 일반적으로 공급이란 '생산자가 일정기간 동안 재화를 판매하고자 하는 욕구'임. 공급 역시 일정한 기간을 기준으로 하여 측정된 유량이며 실현된 판매량이 아니라 의도된 판매량임.

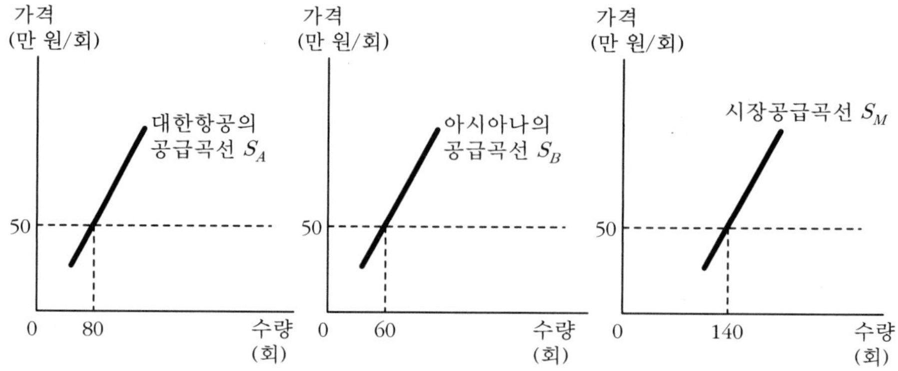

[그림 3-4] 개별공급과 시장공급

⑥ 공급의 법칙

- 다른 조건이 불변일 때 어떤 재화의 가격이 상승하면 그 재화의 공급량이 증가하는 법칙, 즉 가격과 공급량 간의 정의 관계를 말함.

2.2 공급의 변화와 공급량의 변화

- 공급량의 변화를 결정하는 요인 : 해당 상품의 가격 ⇒ 공급곡선 상의 이동

- 공급의 결정요인(공급의 변화를 초래하는 요인) ⇒ 공급곡선 자체의 이동
  - 다른 재화의 가격변화 : 어떤 재화의 대체재나 보완재의 가격변화는 그 재화의 공급을 변화시킴.
  - 투입물(=자원) 가격의 변화 : 에너지 가격의 상승, 인건비의 상승 등은 생산비를 전반적으로 높게 하여 이윤을 줄어들게 하므로 공급은 감소함.
  - 생산기술의 변화 : 인쇄술의 발달은 책의 생산비를 감소시켜 공급을 크게 증가시켰으며 반도체기술의 발달은 컴퓨터, 핸드폰 등의 공급을 크게 증가시켰음.
  - 공급자 수의 변화 : 우리나라 아파트 건설업자의 수가 증가하여 아파트 공급이 증가했음.
  - 기대심리의 변화 : 혹한이 기대되면 겨울상품 생산기업들은 생산을 더 많이 함.
  - 기후와 자연환경의 변화 : 폭설, 폭풍 등은 채소 등 농산물의 공급을 감소시키며 폭염이나 폭서는 청량음료나 바캉스제품, 혹한은 겨울상품의 공급을 증가시킴.

- 공급곡선과 공급곡선 자체의 이동을 그림으로 나타내면 [그림 3-5]와 같음.

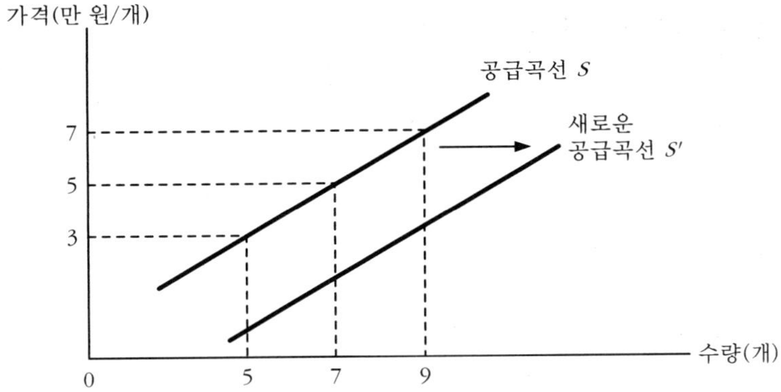

[그림 3-5] 공급곡선과 공급곡선 자체의 이동[24)]

3 시장의 균형

3.1 균 형

- 수요와 공급이 일치된 상태로서 다른 교란요인이 없는 한 그 상태가 그대로 유지되려는 경향이 나타남.
- 균형가격 : 수요와 공급을 일치시키는 가격
- 균형거래량 : 수요와 공급이 일치된 상태의 수요량 및 공급량
- 초과공급 : 공급량이 수요량을 초과하는 상태
- 초과수요 : 수요량이 공급량을 초과하는 상태

24) 공급곡선은 각 가격수준에서 공급자가 공급하고자 하는 의도를 나타냄. 가격 이외의 다른 요인이 변동하면 공급곡선 자체가 이동을 하는데 공급이 증가하면 공급곡선을 우측으로 이동시켜 표시할 수 있음.

3.2 수요 · 공급의 법칙

- 어느 재화의 가격이 그 재화에 대한 수요와 공급이 일치하도록 조정되는 현상

- 어떤 상품이든 자유 시장경제에선 그 수요량과 공급량이 일치하는 선에서 균형가격과 균형거래량이 결정됨.

- 시장가격이 균형가격 수준을 벗어나면 수요 측 요인과 공급 측 요인이 다 같이 작용해서 가격을 그 수준으로 회복시키게 됨.
  - 시장가격이 균형가격 수준보다 높아 초과공급이 발생하면 공급자는 물건을 모두 판매하기 위해 가격을 낮출 것이고, 가격이 낮아지면 수요 및 공급 법칙이 작용하게 되는바, 이러한 가격변동은 수요곡선과 공급곡선 상의 이동을 초래해 결국 균형점에 도달할 때까지 진행되다가 멈추게 됨.
  - 반면에 시장가격이 균형가격 수준보다 낮아 초과수요가 발생하면 수요자들 간에 경쟁이 생겨 웃돈을 주는 등 가격을 올리게 되고, 이렇듯 가격이 오르면 마찬가지로 수요 및 공급 법칙이 작용하게 되는바, 이러한 가격변동 역시 수요곡선과 공급곡선 상의 이동을 초래해 결국 균형점에 도달할 때까지 진행되다가 멈추게 됨.
  - 균형 상태에서 벗어난 경우 가격의 신축적 조정기능을 통해 균형으로 복귀하는 과정이 [그림 3-6]에 나타나 있음.

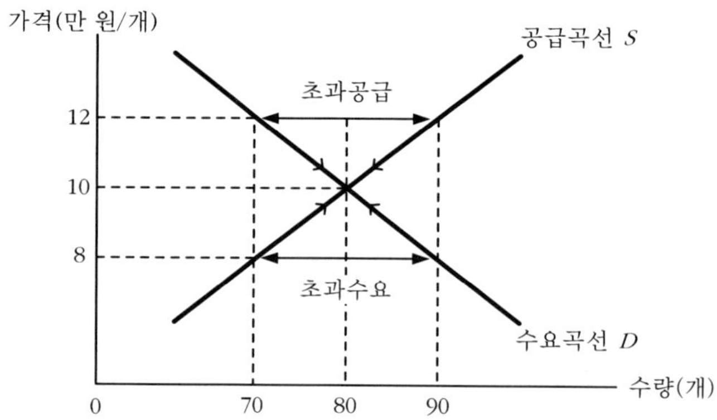

[그림 3-6] 시장의 균형[25]

25) 지나치게 높은 가격에서는 초과공급이 존재하고, 반면에 지나치게 낮은 가격에서는 초과수요가 존재함. 균형가격은 초과공급이나 초과수요가 존재하지 않는 가격임.

3.3 균형의 변화

- 수요와 공급이 변화하게 되면 균형가격과 균형거래량도 변화함.

- 비교정태분석의 관점[26]에서 설명 가능[27]
  - 공급이 불변인 상태에서 수요만이 증가할 경우 : 균형가격과 균형거래량 모두 증가
  - 공급이 불변인 상태에서 수요만이 감소할 경우 : 균형가격과 균형거래량 모두 감소
  - 수요가 불변인 상태에서 공급만이 증가할 경우 : 균형가격은 하락하고 균형거래량은 증가
  - 수요가 불변인 상태에서 공급만이 감소할 경우 : 균형가격은 상승하고 균형거래량은 감소

4 가격규제와 시장의 보복

4.1 정부의 시장개입

- 시장경제에서 가격기구는 상품과 서비스를 배분하고 자원을 효율적으로 이용하도록 하는데 크게 기여[28]함에도 불구하고 정부가 가격규제정책을 자주 동원하고 있

---

26) 시간의 흐름에 따라 경제상황이 차츰 변화해 가는데, 이러한 변화과정을 하나의 균형 상태에서 다른 균형 상태로 이동한 것으로 이해할 수 있음. 반면에 이동과정에 초점을 맞추어 분석하는 것을 동태분석이라고 함.

27) 수요와 공급이 동시에 변화하는 경우도 검토해 보기 바람.

28) 자연현상과 마찬가지로 우리가 늘 접하는 경제현상도 신비롭게 이루어지는 측면이 있음. 즉 수많은 경제주체들이 시장에서 끊임없이 각자의 이익을 위해 경제활동을 하지만, 전체적으로 조화를 달성하면서 생산과 교환이 이루어지는 것은 놀라운 일임. 그것도 더 이상 개선의 여지가 없을 정도로 효율적으로 이루어진다면 더더욱 놀라운 일일 것임. 시장경제체제의 이러한 특성을 영국의 경제학자 아담 스미스는 시장의 '보이지 않는 손'에 의해 그런 일들이 이루어진다고 설명하였음. 부연설명하면 보이지 않는 손이란, 수없이 많은 경제주체들이 시장에서 끊임없이 각자의 이익을 위해 경제행위를 하지만, 전체적으로 조화를 달성하면서 생산과 교환이 이루어지고, 이렇게 이루어지는 생산과 교역으로 시장의 효율성이 증대되는 것임. 이러한 시장기능의 효율성은 사실 시장 내에서 경제주체들의 자유의지에 의해 형성된 가격기능에 의해서 가능해짐. 이와 같이 시장경제체제의 효율성은 시장 내에서 경제주체들의 자유 의지에 의해 형성된 가격이 제 기능을 발휘하는 데서 보

는바, 이를 정부의 시장개입이라고 함.

- 그 이유는 대체로 시장의 가격메커니즘이 상품과 자원배분의 효율성은 충족시켜 주지만, 형평성 측면에 문제가 있다고 보기 때문임.
  - 문제는 많은 규제들이 당초의 취지와는 무관하게 시행되는 과정에서 여러 가지 부작용들을 유발시킨다는 점임.
  - 다시 말해 시장의 힘을 거스르려는 정부의 시도(시장개입)는 혼란만을 가중시키는 결과를 낳을 가능성이 높음.

4.2 최고가격제(가격상한제)

- 자유로운 시장경쟁에 의해 결정되는 균형가격 수준보다 낮은 수준에 정부가 지지가격을 고시하고, 그 이상 가격이 상승할 수 없도록 하는 제도로서 가격이 올라갈 수 있는 최고가격을 설정한다는 뜻에서 최고가격제도라 함.

- 실시 배경
  - 상품과 서비스의 가격결정을 온전히 시장기능에 맡겨 둘 경우 인플레이션 우려가 있고, 특히 상품과 서비스의 가격이 너무 비싸 저소득층에게까지 골고루 돌아갈 수 없다는 문제를 해결하려는 데 있음(예 : 정부가 국내 석유가격을 일정수준으로 유지하거나, 중고 아파트보다 신축 아파트의 분양가를 더 낮게 규제하는 등의 가격규제정책).

- 최고가격제 실시에 따라 파생되는 문제점
  - 취지 : 소비자 보호
  - 경제적 효과 : 초과수요 발생
  - 부작용 : 암시장 발생 ⇒ 본래 취지와는 달리 오히려 소비자 후생의 손실 초래[29)]

장된다고 할 수 있음. 이러한 가격의 기능을 강조하여 시장경제체제를 가격기구(price mechanism)라고도 함. 다시 말해 시장경제의 특징은 시장에서 수요와 공급의 힘에 의해 가격이 결정된다는 것임. 이 가격이 무엇을 생산하고, 어떻게 생산하고, 누구를 위해 배분할 것인지에 대한 경제문제를 해결해 주기 때문에 가격은 신호의 역할, 자원배분의 역할을 수행한다고 볼 수 있음.

29) 선진국의 대도시에서 서민아파트에 대해 실시하는 임대료 규제의 경우를 예로 든다면, 동 제도는 무주택서민의 주거생활을 안정시킨다는 취지하에 서민아파트 임대료 상승률을 매년 일정범위 안에서 억제하는 것을 말함. 동 제도에 따라 규제되는 임대료 수준은 시장 기구에 맡길 경우 형성될 균형임대료보다 낮게 마련이어서 임대주택에 대한 초과수요량이 생김. 이 임대주택 부족현상은 임대료규제가 지속되는 한 시간이 흘러감에 따라 더 악화됨으로써 서민의 주거생활 안정이라는 본래의 목적을 달성하지 못하게 됨. 또한 집값 안정을 위해 분양가를 일정수준 이상으로 올

- 초과수요 해결 방안의 예[30)]
  - 선착순 판매 : 형평의 관점에서 볼 때 문제가 있음. ⇒ ㉠ 즉 먼저 온 소비자들은 원하는 만큼 살 수 있겠지만 뒤에 오는 소비자들은 필요한 물건을 하나도 사지 못하기 때문임. ㉡ 이 방식에서는 먼저 온 소비자들이 자기가 필요한 수량 이상으로 물건을 사서 늦게 오는 소비자에게 웃돈을 얹어 팔게 되는 또 다른 형태의 암시장 출현 가능성이 있음.
  - 배급제도 : 각 소비자에게 배급표를 나누어 주고 그 배급표만큼만 상품을 살 수 있게 하는 제도로서 형평은 달성되지만 소비자의 선호가 반영되지 못하는 단점이 있음. ⇒ ㉠ 상품을 배급표에 기재된 수량보다 더 소비하고자 하는 사람들과 덜 소비해도 되는 사람들 사이에 배급표가 거래되고 배급표의 가격은 상한가격을 상회하게 됨. ㉡ 이것 또한 일종의 암시장임.

4.3 최저가격제(가격하한제)

- 정부에 의해 고시되는 최저가격은 균형가격 이상에서 이루어지며 이 가격 이상으로 판매하는 것은 자유이나 그 이하의 가격으로 판매하는 것은 법으로 금지되어 있음.

- 실시 배경
  - 자원배분을 자유로운 시장기능에 맡길 경우 균등한 분배를 달성할 수 없다는 사회적 분위기가 조성될 때 시행되는 경향이 있음(예 : 최저임금제[31)]와 농산물가격 지지제, OPEC 회원국들이 생산량을 조절함으로써 석유가격을 일정수준 이상으로 유지하려는 시도 등).

- 최저가격제 실시에 따른 부작용
  - 취지 : 생산자 혹은 공급자 보호
  - 경제적 효과 : 초과공급 발생
  - 부작용 : 본래 취지와는 달리 오히려 공급자 후생의 손실 초래[32)]

리지 못하도록 제한하는 제도인 아파트 분양가 상한제의 경우, 집값안정 효과는 기대만큼 나타나지 않고 주택시장을 오히려 왜곡시키는 모양새를 보였음.

30) 선착순 판매와 배급제도 이외에 인위적인 배분방식으로 추첨방식이 있을 수 있음.

31) 최저임금제와 관련된 설명은 부록 [3-1] 참조.

32) 최저임금제 실시의 경우를 예로 든다면, 가격이 균형가격 이상의 수준으로 올라감에 따라 초과공급의 문제가 발생하게 됨. 최저임금을 주어야 한다는 규정 때문에 기업들은 미숙련 근로자의

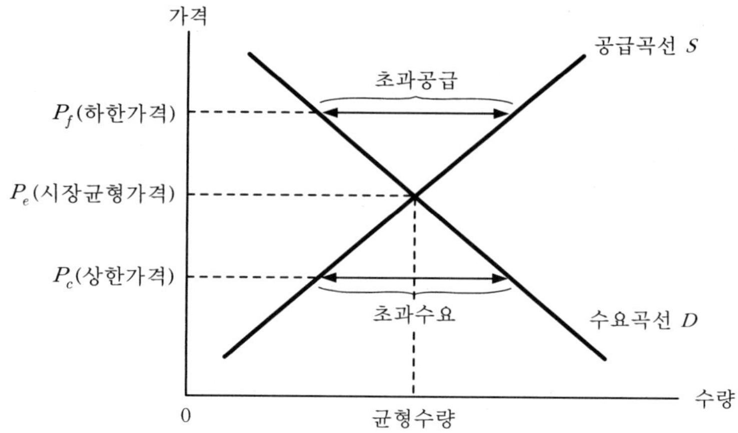

[그림 3-7] 가격규제[33)]

- 해결 방안 : 초과공급 문제의 해결이 과제

– 최고가격제(가격상한제)와 최저가격제(가격하한제)가 [그림 3-7]에 나타나 있음.

5 시장은 메커니즘

5.1 시장메커니즘이란

– 시장메커니즘이란 개인의 이기적 동기에 따른 자발적 행동으로 경제문제를 시장에서 해결하는 제도를 말하는데, 이를 통해 수요자와 공급자 모두에게 이득(소비자잉여와 생산자잉여)을 가져다 줌.

고용을 꺼리게 되는 반면, 이 임금에 끌려 노동을 공급하려는 사람은 더 늘어나기 때문임. 이 제도는 근로자들의 생계에 도움을 줄 수 있다는 긍정적인 효과와 더불어 미숙련 근로자의 실업문제를 더욱 심각하게 만든다는 부정적인 효과도 낼 수 있음.

33) 시장이 정하는 균형가격이 사회구성원들에게 지나치게 높거나 또는 낮게 느껴지는 경우 가격규제가 실시됨. 가격을 나타내는 P의 아래첨자 c는 상한(ceiling)을, f는 하한(floor)을 의미함.

5.2 시장이란

- 시장이란 어떤 상품의 판매자와 구매자가 해당 가격과 거래량을 결정할 수 있도록 하는 기구, 제도, 또는 장치를 말함.[34)]
  - 수요가격(demand price)은 소비자가 지불할 용의가 있는 최대가격
  - 공급가격(supply price)은 공급자가 받고자 하는 최소한의 가격
  - 소비자잉여란 소비자가 어떤 상품을 구입하기 위해 지불할 용의가 있는 금액에서 실제로 지불한 금액을 뺀 나머지로 계산되며, 소비자가 그와 같은 교환에서 얻는 이득을 의미[35)]
  - 생산자잉여란 생산자가 어떤 상품을 공급하면서 실제로 받은 금액에서 최소한 받아야 하겠다고 생각한 금액을 뺀 나머지로 계산되며, 생산자가 그와 같은 교환에서 얻는 이득을 의미[36)]
- 소비자잉여와 생산자잉여를 그림으로 나타내면 각각 [그림 3-8]과 [그림 3-9]와 같음.

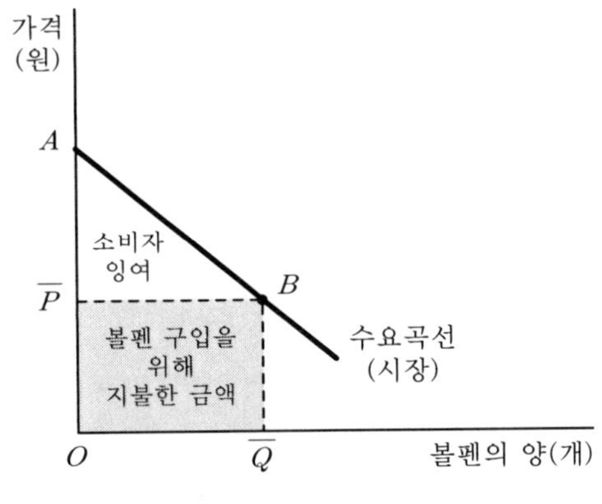

[그림 3-8] 소비자잉여[37)]

34) 우리는 시장이라고 하면 편의점이나 할인마트 또는 남대문시장과 같은 구체적인 장소를 먼저 생각하게 됨. 그러나 시장에는 다양한 종류와 형태가 있음. 예를 들면 프로축구 구단에서는 선수와 구단 사이에 연봉계약이 이루어지고 방송국에서는 연예인과 출연계약을 맺으므로 그곳 역시 시장이라 할 수 있으며, 금융시장이나 외환시장도 있고 인터넷상으로 거래가 이루어지는 사이버 시장도 있음. 또한 쌀시장 개방 압력, 영화시장 개방 불가 등과 같은 말을 들은 적이 있을 것임. 더 나아가 한 국가나 세계 전체를 하나의 시장으로 보기도 함. 이렇듯 거래대상이 있고 사려는 사람과 팔려는 사람이 있어 거래가 이루어지는 곳은 모두 시장이라 할 수 있음.

35) 한마디로 상품 구입을 통해 얻은 무상의 이득을 말함.

36) 한마디로 생산을 통해 얻은 무상의 이득을 말함. 한편 소비자잉여와 생산자잉여의 합을 순사회편익이라고 함.

37) 소비자가 볼펜을 구입하기 위해 지불할 용의가 있는 금액은 수요곡선 아래로 만들어진 사다리

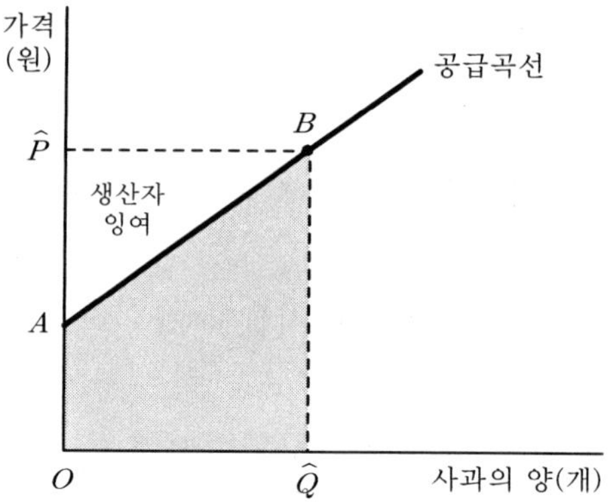

[그림 3-9] 생산자잉여[38]

참고자료

(1) 송병락(2006), 《글로벌시대의 경제학》, 박영사.
(2) 이준구 · 이창용(2012), 《경제학 들어가기》, 법문사.
(3) 이준구 · 이창용(2010), 《경제학원론》, 법문사.
(4) 김승욱 외(2008), 《알짬 시장경제》, 박영사.
(5) 김대식 외(2012), 《현대 경제학원론》, 박영사.

꼴의 면적과 같음. 한편 소비자가 실제로 지불한 금액은 가격을 나타내는 수평선 아래로 만들어진 직사각형의 면적으로 나타나 있는데, 소비자는 볼펜을 구입함으로써 이 둘 사이의 차이에 해당하는 이득을 얻는다는 뜻으로 이를 소비자잉여라고 부름.

38) 어떤 상품을 생산, 공급하는 사람이 얻는 생산자잉여는 가격을 나타내는 수평선과 공급곡선 사이로 만들어진 삼각형의 면적과 같음.

부록 [3-1] 최저임금제

1. 가격규제의 예 : 최저임금제

- 최저임금제는 저임 근로자들의 생활수준 개선을 목적으로 노·사·정 간 임금 결정과정의 합의를 통해 최저수준을 정하고 사용자에게 이 수준 이상의 임금을 지급하도록 법으로 강제하는 제도를 말함.

- 이러한 취지로 실시된 최저임금제가 오히려 아파트경비원, 보일러공 등 저임 근로자에게 해가 되고 있다고 하는데 왜 이런 결과가 나타난 것일까?

2. 특정 목적을 달성하기 위해 가격규제 시행

- 가격규제는 특정한 목적을 달성하기 위해 시장에 인위적으로 개입하는 것을 말하는데, 가격상한제와 가격하한제가 있음.

- 가격하한제는 가격을 일정수준 아래로는 내리지 못하도록 하는 것인데, 이는 현재 시장에서 결정된 가격이 너무 낮다고 보기 때문임.

- 따라서 이때 정해진 가격은 당연히 시장균형가격보다 높게 됨.

- 대표적 예로 최저임금제는 임금 하한을 정한 것이므로 이 제도가 적용되면 아파트경비원의 월급은 올라가게 됨.
  - 아파트경비원의 월급이 오르게 되면 관리사무소는 더 많은 관리비를 주민들로부터 거둬야 함.
  - 당연히 주민들의 불만은 커질 것이고, 단기적으로는 관리경비를 최대한 억제하여 고용을 유지하겠지만 새로운 계약체결 시 해고 가능성을 배제할 수 없으며, 무인경비시스템을 고려하는 상황까지 갈 수도 있음.

- 반면 경비원의 월급은 더 올랐으므로 경비를 하려는 사람들은 더욱 많아질 것이고, 이 때문에 초과공급의 문제가 생겨 그만큼 실업이 발생하게 됨.

3. 가격규제에 따른 비용도 고려해야

- 최저임금제를 옹호하는 사람들은 이 제도가 실업을 증가시키는 등의 부작용도 있지만

그 정도가 심하지 않고, 무엇보다 저임 근로자들의 소득을 향상시킬 수 있다고 주장

- 이른바 시장개입을 통한 '형평'을 중시

- 반면 이 제도를 반대하는 사람들은 최저임금이 높아지면 실업이 발생하고 낮은 임금을 감수하고라도 일자리를 원하는 사람들의 기회를 박탈하기 때문에 오히려 저임 근로자들에게 도움이 되지 않는다고 주장
  - 이들은 시장개입을 반대하고 '형평'보다는 '효율'을 중시
  - 따라서 최저임금제 같은 가격규제가 아니라 임금보조제도와 같이 직접적으로 이들의 소득을 보충해 주는 제도가 더 효과적이라고 말함.

- 결국 최저임금제와 같은 가격규제는 '효율'과 '형평'에 대한 사회적 선택의 결과라 할 수 있음.
  - '효율'이 더 강조돼야 할지 '형평'이 더 존중돼야 할지는 아무도 정답을 확신 못함.
  - 그러나 모든 선택에는 대가가 따르듯이 가격규제라는 시장의 개입에도 그 대가가 따름.
  - 상대적으로 어려운 계층을 도울 목적으로 도입된 것이 오히려 이들에게 해가 되는 경우가 생길 수도 있기 때문임.

- 그렇다고 최저임금제를 시행할 경우 실업이 발생하므로 이를 시행하지 말아야 할까?
  - 최저임금제를 시행하지 않을 경우 저임 근로자들은 당장 실업을 면할 수는 있겠지만 저임금은 벗어날 수가 없음.
  - 따라서 중요한 것은 이러한 비용을 최소화하려는 노력이라고 할 수 있음.

참고자료

(1) 유성임(2007), "가격규제, 독일까 약일까?", 《"click" 경제교육》, KDI경제정보센터, 2007. 03.
(2) 이준구 · 이창용(2012), 《경제학 들어가기》, 법문사.
(3) 김승욱 외(2008), 《알짬 시장경제》, 박영사.
(4) N.GREGORY MANKIW(2013), 《맨큐의 경제학》, 김경환 · 김종석 옮김, 교보문고.

CHAPTER 04

수요와 공급의 탄력성

1. 수요의 탄력성
2. 공급의 탄력성
부록 [4-1] 탄력성의 이해

9년 동안 오르지 않았던 담뱃세가 오는 2014년 9월 정기국회 때 오를 수 있을 것이라는 전망이 힘을 받으면서 업계가 회심의 미소를 짓고 있다. 정부는 담뱃세 인상으로 흡연자가 줄어들 것으로 예상하고 있다. 과연 담뱃세가 오른다고 흡연율이 줄어들까. 담배는 가격탄력성이 낮고 대체재를 찾기가 어려워 가격에 따라 시장수요가 크게 변하지 않는다. 이 때문에 흡연자들은 담뱃값이 올라도 담배를 줄이지는 않을 것이라며 정말 국민건강을 생각한다면 차라리 경고 그림을 도입하는 편이 낫다고 지적했다. 담뱃값은 2004년 12월 500원이 인상된 이후 9년간 요지부동이었다. 담뱃세가 오르면 그동안 고정돼 있던 담배 평균 제품 판매 단가도 오를 수밖에 없다. 담뱃세 인상 방안으론 물가연동제 도입이 탄력을 받고 있다. 정부는 담뱃세 인상으로 흡연자가 줄어들 것이라고 자신한다. 우리나라의 담뱃세가 가격에서 차지하는 비율은 약 62%로 다른 나라에 비해 낮은 편인만큼 담뱃세를 인상해야 한다는 주장이 나온다. 현재 담배로부터 징수되는 제세금은 연 7조 원. 흡연율을 낮추고 흡연의 사회경제적 비용을 줄이려면 담뱃세 인상이 필요하다는 것이다. KT&G 관계자는 "어떤 입장을 밝힐 처지는 아니다"며 "지켜보고만 있다"고 말했다. 하지만 증권가에서는 담뱃세가 인상되면 KT&G의 평균 제품 판매 단가가 오르고 이로 인해 주당순이익(EPS)이 10% 정도 늘어나는 효과를 거둘 수 있을 것이라며 긍정적인 전망을 내놓고 있다. 반대의견도 있다. 그리스의 경우 2012년 초 담뱃값을 25% 인상한 후 밀수규모가 급증했다. 이에 따라 우리나라도 담배 밀수 가능성이 커질 것이라는 우려가 있다. 또 담배가격 인상과 흡연율 감소가 정비례하는 것은 아니라는 지적도 나온다. 우리나라보다 담배가격이 5배 이상 높은 아일랜드는 OECD 국가 중 성인흡연율 1위이고 4배 이상 높은 영국도 우리나라와 흡연율이 비슷하기 때문이다.

– 유윤정 기자 –

출처 : 2014. 08. 02., 《조선비즈》

1 수요의 탄력성[39)]

1.1 가격탄력성

① 가격탄력성의 의미

- 어떤 상품의 가격에 생긴 작은 변화가 그 상품의 수요량에 얼마만큼의 변화를 가져오는지를 나타내는 수치

- 구체적으로 말해 수요의 가격탄력성은 가격의 변화비율을 분모에 놓고 수요량의 변화비율을 분자에 넣어 구한 값과 같음.

$$\text{수요의 가격탄력성}(e) = -\frac{\text{수요량의 변화비율}}{\text{가격의 변화비율}} = -\frac{\Delta Q_d / Q_d}{\Delta P / P}$$

여기서, $e > 1$: 탄력적(예 : 택시, 보석, 고급의류)

$e = 1$: 단위탄력적

$e < 1$: 비탄력적(예 : 생필품)

- 엄밀하게 말해 탄력성을 구할 때는 가격을 아주 작은 폭으로 변화시키고 수요량의 반응을 보아야 함.

- 다시 말해 위의 식에서 ΔP가 거의 0에 가까울 정도로 작아야 하는데, 이는 수요곡선 위의 한 점을 기준으로 탄력성을 잰다는 것을 뜻함.

- 이 경우에는 미분의 개념을 사용해 다음과 같이 바꿔 쓸 수 있음.

$$\text{수요의 가격탄력성}(e) = -\frac{dQ_d}{dP}\frac{P}{Q_d}$$

- 수요의 가격탄력성과 수요곡선의 기울기와의 관계
  - 탄력성과 $\frac{\Delta Q}{\Delta P}$(기울기의 역수)는 다름.

---

39) 현실경제에서 적용되는 탄력성의 함의와 관련하여 추가적인 설명은 부록 [4-1] 참조.

- 즉 탄력성은 어떠한 단위를 사용하든지 그 값이 일정해야 하기 때문에 퍼센티지 변화율의 비로 나타내는 반면에 단순히 가격과 수요량의 변화분의 비로 나타낸다면 어떤 단위를 기준으로 하느냐에 따라 탄력성 수치가 달라질 수 있음.
- 가령 가격변화 100원에 대하여 같은 1kg의 수요량 변화와 1,000g의 수요량 변화는 수치상으로 각각 0.01과 10으로 다르게 나타나지만 퍼센티지 변화율로 탄력성을 계산하면 이러한 문제가 해소됨.

② 수요곡선과 가격탄력성

- 일반적으로 한 수요곡선 위의 어떤 점에서 탄력성을 재느냐에 따라 그 크기가 달라짐.

- 예외적인 경우(수요곡선 위의 어느 점에서나 가격탄력성이 똑같은 값을 가짐)
  - 수요곡선이 수직선인 경우 : $e=0$
  - 수요곡선이 수평선인 경우 : $e=\infty$
  - 수요곡선이 쌍곡선인 경우 : $e=1$

- 수요곡선이 선분인 경우
  - 선분으로 주어진 수요곡선 위의 한 점에서 잰 수요의 가격탄력성은 이 점을 공유하는 두 선분의 길이 사이의 비율과 같음.
  - 구체적 결과를 그림을 토대로 계산하면 다음과 같음.

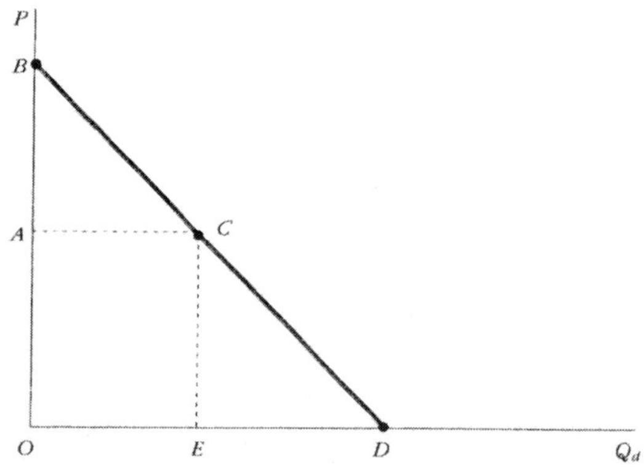

[그림 4-1] 수요곡선이 선분인 경우

$$\text{at } C,\ e = \frac{AC}{AB} \times \frac{OA}{OE} \left(\because -\frac{dQ_d}{dP} = \frac{AC}{AB},\ \frac{P}{Q_d} = \frac{OA}{OE} \right) = \frac{OA}{AB}$$

$$= \frac{CE}{AB} = \frac{CD}{BC} (\because\ \triangle ABC \backsim \triangle ECD) = \frac{ED}{AC} (\because\ \triangle ABC \backsim \triangle ECD)$$

③ 가격탄력성과 판매수입(혹은 총지출액)

- 수요의 가격탄력성은 가격변동에 따라 소비자 지출액이 어떻게 변화할 것인가에 대한 정보를 제공하기 때문에 기업에게 중요한 정보가 됨.
  - 수요가 탄력적인 상품의 경우에는 가격을 내리면 가격하락률 이상으로 수요량이 증가하기 때문에 판매수입은 증가하게 됨.
  - 농산물은 비탄력적인 재화이므로 가격이 내리면 가격하락률보다 수요량이 작게 증가하여 판매수입이 줄어드는데, 풍년으로 인해 농산물의 공급이 늘어나 가격이 하락할 때 농민의 수입이 오히려 줄어드는 이유가 바로 여기에 있음.

- 선분으로 주어진 수요곡선의 경우, 수요곡선의 중점에서 가격탄력성이 1의 값을 갖고 바로 이 점이 의미하는 판매량에서 총수입이 극대화됨.[40)]
  - 중점의 왼쪽에서는 가격탄력성이 1보다 크며 이 구간에서는 판매량이 늘어남에 따라 총수입도 함께 늘어나게 됨.[41)]
  - 반면에 중점의 오른쪽에서는 가격탄력성이 1보다 작으며 이 구간에서는 판매량이 늘어남에 따라 총수입이 줄어들게 됨.[42)]

④ 가격탄력성의 결정요인

- 상품의 성격
  - 일반적으로 수요의 가격탄력성은 필수품보다는 사치품이 더 큰 경향이 있음.

- 지출금액의 소득점유율
  - 여타조건이 일정할 때 소득수준과 대비한 상품가격이나 지출 비중이 클수록 가격탄력성은 보다 커지는 경향이 있음.

- 유사한 대체재 유무

---

40) 이에 관한 설명 및 이유는 각자 확인해 보기 바람.
41) P↓⇒가격하락률보다 수요량 증가율이 더 크게 증가 ⇒ 총수입(TR)↑
42) P↓⇒가격하락률보다 수요량 증가율이 더 작게 증가 ⇒ 총수입(TR)↓

- 일반적으로 유사한 대체재가 많은 상품일수록 수요의 가격탄력성은 큼.

- 용도의 다양성
  - 다양한 용도를 가진 상품일수록 탄력성이 크고, 용도가 극히 제한된 상품일수록 탄력성은 낮음.

- 기간의 장단
  - 대부분의 상품들은 기간이 길어질수록 수요가 보다 탄력적인 형태를 띠게 됨.

1.2 소득탄력성

① 수요의 소득탄력성

- 소비자의 소득에 생긴 작은 변화가 어떤 상품의 수요(량)에 얼마만큼의 변화를 가져오는지를 나타내는 수치

- 수요의 소득탄력성$(e)=\dfrac{\text{수요(량)의 변화비율}}{\text{소득의 변화비율}}=\dfrac{\Delta Q_d/Q_d}{\Delta M/M}$

② 열등재와 정상재

소득탄력성	상품의 구분	
$e<0$	열등재	
$0<e<1$	필수재	정상재
$1<e$	사치재	

③ 소득탄력성과 시장진입

- 소득탄력성은 시장진입 여부를 판단하는 데 중요한 정보를 제공함.
  - 호경기가 예상될 경우에는 레저용품 등 소득탄력성이 큰 상품이 시장에서 유리
  - 불황기에는 생필품처럼 소득탄력성이 비탄력적인 상품이 시장에서 유리 ⇒ 가령 내의나 치약 등 생필품 생산업체는 경기침체기에도 상대적으로 어려움을 겪지 않았음.

1.3 교차탄력성

① 수요의 교차탄력성

- 한 상품의 가격에 생긴 작은 변화가 다른 상품의 수요(량)에 얼마만큼의 변화를 가져오는지를 나타내는 수치

- 수요의 교차탄력성$(e) = \dfrac{Y\text{재 수요(량)의 변화율}}{X\text{재 가격의 변화율}} = \dfrac{\Delta Q_y / Q_y}{\Delta P_x / P_x}$

② 수요의 교차탄력성과 두 상품 사이의 관계

- 두 상품 사이의 관계가 어떤 것이냐에 따라 그 부호의 크기가 다르게 됨.
  - 대체관계 : $e > 0$
  - 보완관계 : $e < 0$
  - 독립관계 : $e = 0$

2 공급의 탄력성

- 공급의 경우에는 주로 가격탄력성에만 관심을 가질 뿐 다른 탄력성에 관심을 갖는 경우는 극히 드물기 때문에 엄밀히 말하면 '공급의 가격탄력성'이라고 표현해야 할 것을 줄여서 '공급의 탄력성'이라고 표현하는 경우가 흔함.

2.1 공급의 가격탄력성

- 어떤 상품의 가격에 생긴 작은 변화가 그 상품의 공급량에 얼마만큼의 변화를 가져오는지를 나타내는 수치

- 공급의 가격탄력성(e)$=\dfrac{\text{공급량의변화비율}}{\text{가격의변화비율}}=\dfrac{\Delta Q_s/Q_s}{\Delta P/P}$

  여기서, $e>1$: 탄력적

  $e=1$: 단위탄력적

  $e<1$: 비탄력적

- 공급곡선이 직선인 경우의 가격탄력성[43]

2.2 공급의 가격탄력성의 결정요인

- 상품의 저장비용과 저장 가능성
  - 일반적으로 저장비용이 많이 드는 상품의 공급탄력성은 낮음.
- 생산설비의 다용도성
  - 어느 한 상품을 생산하기 위해 사용되는 노동, 토지, 생산설비 등이 다른 상품을 생산하기 위해 쉽사리 전환될 수 있다면 이 상품의 공급탄력성은 클 것임.
- 기간의 장단
  - 공급의 탄력성 역시 기간이 길어짐에 따라 커지는 경향이 있음.
- 공급자들 사이의 경쟁상황
  - 공급자들 사이에 경쟁이 극심하면 공급탄력성은 커질 것이며 경쟁자가 별로 없으면 비탄력적일 것임.

참고자료

(1) 이준구 · 이창용(2012), 《경제학 들어가기》, 법문사.
(2) 이준구 · 이창용(2010), 《경제학원론》, 법문사.
(3) 김승욱 외(2008), 《알짬 시장경제》, 박영사.

43) 일반적으로 공급곡선 위의 어느 점에서 재느냐에 따라 그 크기가 달라짐. 단, 예외적인 경우는 다음과 같음. ㉠ 공급곡선이 원점에서 출발하는 직선인 경우 : $e=1$ ㉡ 공급곡선이 수평선인 경우 : $e=\infty$ ㉢ 공급곡선이 수직선인 경우 : $e=0$

부록 [4-1] 탄력성의 이해

1. 자극에 대한 변화의 크기나 민감도를 측정하는 탄력성

- 탄력성은 우리의 일상생활에서도 많이 쓰이고 있지만 원래는 물리학에서 많이 사용되는 말임.
  - 테니스공과 야구공을 땅바닥에 튕겨 보면 테니스공이 야구공보다 높이 튀어 오르는데, 즉 테니스공이 야구공보다 탄력이 좋음.

- 그런데 우리가 자주 쓰는 수요, 공급, 가격 등에 이 탄력의 개념을 적용하면 경제 현상을 보다 쉽고 재미있게 이해할 수 있고 실생활에도 유용하게 활용할 수 있음.
  - 경제학에서 탄력성은 "충격에 대해 반응하는 정도"라고 할 수 있음.
  - 어떤 종류의 충격이 왔느냐에 따라 가격탄력성, 소득탄력성 등으로 구분
  - 또한 반응하는 대상이 무엇인지에 따라 수요탄력성, 공급탄력성 등 여러 가지가 있음.[44)]

2. 일상생활 속의 탄력성

2.1 박리다매 사례

- 박리다매란 물건 값이 싸더라도 많이만 팔리면 이윤이 남는다는 이야기

- 빵 가게를 하는 엄지 엄마는 요즘 박리다매 전략을 활용하여 빵 값의 20%를 할인해 주는 세일행사를 구상 중인데 과연 성공할 수 있을까?
  - 빵이 더 많이 팔려서 성공할 수 있을 것 같지만 꼭 그런 것만은 아님.
  - 빵 값이 내린 정도보다 빵 판매량이 느는 정도가 더 크지 않으면 빵을 팔아 받은 돈은 오히려 줄기 때문
  - 이때 빵 값이 내린 정도보다 빵 판매량이 더 많이 늘어나면 빵 수요가 가격에 대해 탄력적이라고(또는 탄력성이 크다고) 하고, 반대의 경우를 비탄력적이라고(또는 탄력성이 작다고) 함.

---

44) 금리가 하락하여 설비투자가 늘어나는 정도를 이야기할 때는 설비투자의 금리탄력성이라 할 수 있음. 탄력성 중에서는 가격이 변할 때 수요가 얼마나 민감하게 변동하는지를 나타내는 수요의 가격탄력성이 가장 많이 이용되고 있음.

- 박리다매 전략은 빵 수요가 탄력적인 경우에만 성공할 수 있음.

2.2 밸런타인데이 사례

- 밸런타인데이(매년 2월 14일)가 다가오면 꽃이나 초콜릿을 찾는 사람이 늘어나면서 가격도 평상시보다 많이 오르게 되는데, 흥미로운 사실은 장미꽃이 초콜릿보다 훨씬 값이 크게 오른다는 점임. ⇒ 왜 그럴까?
  - 초콜릿은 공장에서 대량 생산이 가능하므로 가격이 오를 경우 공급량을 즉시 늘릴 수 있는바, 즉 초콜릿의 공급은 탄력적임.
  - 반면 장미꽃은 아무리 가격이 올라도 단기간에 공급량을 늘리기는 어려운, 즉 장미꽃의 공급은 비탄력적임.

- 우리는 여기서 상품에 대한 수요가 늘어나더라도 그 상품의 공급탄력성이 크면 가격이 조금밖에 오르지 않는 반면, 공급탄력성이 작으면 가격이 크게 오른다는 것을 알 수 있음.

3. 탄력성의 크기

- 탄력성은 가격이나 수요량 등의 변화 정도를 비율로 표시하여 측정하기 때문에 반응하는 쪽이 감소하는 경우는 탄력성의 부호가 음(−)으로 나타날 수 있음.

- 그러나 변화의 방향보다는 크기가 중요하므로 보통 탄력성을 이야기할 때에는 부호를 무시하고 양수(+)로만 나타냄.
  - 겨울이 되면 즐겨 먹는 호빵의 가격이 5% 오를 때 호빵의 수요량(판매량)이 5% 감소했다면 호빵의 가격탄력성은 1이 됨.
  - 그런데 쌀이나 또는 지하철 요금이 30% 내린다고 쌀 소비나 지하철 이용 횟수가 크게 늘어나지는 않음.

- 가격이 변동하는 정도보다 수요량이 덜 변동하는 경우를 탄력성이 1보다 작다 또는 수요가 비탄력적이라고 말하는 반면, 고급의류 등 일부 사치품은 가격의 변동에 따라 수요가 더욱 민감하게 변하므로 탄력성이 1보다 크다고 할 수 있음.

4. 개인과 기업의 탄력성 크기에 따른 수익 극대화 전략

- 우리가 어떤 상품이나 서비스의 탄력성에 대해 잘 알고 있다면 경제활동을 함에 있어서도 크게 도움을 받을 수 있음.

- 사례
  - 한나 아빠는 그동안 여유자금을 예금과 주식투자를 통해서만 늘려 왔으나 여유자금 규모가 늘어나면서 이 중 일부를 이용하여 부동산투자를 할 계획을 가지고 있는데, 부동산 중에서도 상가에 투자할지, 주택에 투자할지를 고민 중임.
  - 한나 아빠는 전문가와 상담 결과 주택보다 상가가격의 소득탄력성이 더 크므로 상가에 투자하기로 결정
  - 즉 소득이 늘어날 경우 주택보다는 상가의 가격이 더 많이 오를 것으로 기대하고 한나 아빠는 그런 결정을 한 것임.

- 한편 경제상황이 어렵고 경기가 좋지 않을 때는 엄지 엄마와 같은 가격인하 전략으로 어려움을 타개할 수 있으나 과거 일본이 장기간 불황을 겪을 당시 일부 명품을 파는 가게는 제품가격을 올려서 성공한 경우도 있었다고 함.
  - 가격이 매우 비싼 일부 명품은 가격을 내린 만큼 수요가 크게 늘지 않기 때문에(수요의 가격탄력성이 크지 않기 때문에) 가격을 내리면 오히려 총 판매금액이 줄어들기 때문

5. 평가

- 탄력성은 개인이나 기업뿐만 아니라 국가가 각종 정책을 마련하고 시행할 때에도 이를 잘 알아야 기대효과를 볼 수가 있음.
  - 환율이 10% 오를 때 수출이 얼마나 늘어날지, 돈이 시중에 5% 더 늘어날 때 물가가 얼마나 오를지, 경제가 4% 성장하면 일자리가 얼마나 더 늘어날지 등의 문제는 모두 탄력성을 잘 알아야만 풀 수 있는 문제들임.

- 탄력성에 대해 잘 이해하고 일상생활에 적용해 본다면 경제를 더욱 잘 알 수 있고 경제적인 의사결정도 훨씬 더 현명하게 할 수 있을 것임.

참고자료

(1) 안형순(2007), "탄력성에 따라 달라지는 경제 효과", 한국은행 경제교육(경제기초원리), 2007. 07. 12.

CHAPTER 05

소 비 이 론

1. 소비지출의 결정요인
2. 새로운 소비이론
3. 결 론

10대의 장래희망 1순위는 아이돌 가수라는 조사가 있었다. 사실 TV 화면 속 화려하고 멋진, 게다가 실력까지 겸비한 아이돌은 10대의 우상이다. 그래선지 아이돌을 모델로 한 마케팅은 대부분 성공적이다. 고가의 아웃도어 의류와 신발, 교복부터 화장품, 먹거리 등 아이돌 스타 관련 사은품(공식 굿즈)만 덤으로 준다고 하면 불티나게 팔린다. 아이돌이 광고한 제품들은 거의 다 사본 것 같다는 한 10대 팬은 이 제품을 굳이 안사도 되지만 공식 굿즈를 받기 위해서 산다고 말한다. 그러면서 "공식 굿즈를 사면 화장품, 아웃도어, 먹거리가 따라온다"는 우스갯소리를 늘어놓았다. 농담 반 진담 반으로 들린다. 최근 한 아이돌 팬 카페에서 조사한 결과도 흥미롭다. 두 가지 설문 항목 중 첫 번째는 '아이돌의 공식 굿즈를 모으는 이유'였다. 이에 대해 총 38표 중 28표로 가장 많이 차지한 의견이 '모으고 나면 뿌듯해서'라는 것이었다. 그다음이 '아이돌 얼굴을 더 볼 수 있어서(9표)', '내 가수가 돈을 많이 벌었으면 해서(1표)' 순이었다. 두 번째 항목은 '굿즈를 사기 위해 쓴 돈은 얼마인가'였는데, 10대 응답자 39명 중에서 1만~5만 원이라고 답한 사람이 16명으로 가장 많았다. 5만~10만 원이 12명, 10만~20만 원이 8명, 20만~30만 원이 1명이었으며 30만 원 이상 썼다는 응답자도 2명이나 됐다(이 금액은 실제로 공식 굿즈를 모으기 위한 비용이고, 비공식 굿즈나 앨범 구입비용은 포함하지 않았다). 게다가 응답자의 대다수가 '돈이 아깝지만 내가 좋아하는 아이돌이기 때문에 산다'는 의견을 보였다. 문제는 고가의 제품의 경우 10대들은 수입이 없기 때문에 부모님에게 돈을 타서 사는 경우가 다반사라는 점이다. 여기서 '등골 브레이커'라는 말이 나오기도 했다. 배보다 배꼽이 큰 격으로 물건을 사지 못한 팬들은 인터넷카페, 블로그를 통해 사은품을 비싼 값에 거래하는 것도 쉽게 목격할 수 있다. 뿐만 아니라 소위 '내 아이돌 가수 챙기기'라는 명목으로 앨범 · 음원 구입, 선물공세, 아이돌 이름으로의 기부, 콘서트 티켓 구입 등 팬 활동을 하려면 별다른 수입이 없는 10대들은 상당한 경제적 부담을 질 수밖에 없다. 10대를 보내며 한 번쯤 무언가에 빠져본다는 것은 좋지만, 스타를 동경하는 것과 스타 마케팅에 이용되는 맹목적 소비 행태로 경제적 부담을 떠안는 것은 분명히 구분할 수 있는 양식이 필요하다는 생각이다.

- 박혜정(부산여상 2) -

출처 : 박혜정(2014), "아이돌 마케팅, 맹목적 소비 지양해야", 《국제신문》 디지털뉴스부, 2014. 07. 07.

1 소비지출의 결정요인

1.1 가처분소득

- 소비수준은 조세를 납부한 후의 소득, 즉 가처분소득(disposable income)과 밀접한 관계를 맺고 있음.
  - 아무리 소득이 많더라도 세금을 내고 난 후의 소득이 불과 얼마 되지 않는다면 소비수준은 결코 높을 수 없음.

- 어떤 국민경제의 가처분소득이 Y_d, 그리고 소비가 C라고 할 때 다음과 같은 간단한 식으로 둘 사이의 관계를 나타낼 수 있음.

$$C = a + bY_d \tag{5-1}$$

(단, $a > 0$, $0 < b < 1$)

  - 이 식처럼 소비와 가처분소득 사이의 관계를 단순한 1차함수로 표현한 것을 케인즈의 소비함수라고 부름.
  - 소비함수란 소비에 영향을 주는 여러 요인과 소비 사이에 존재하는 관계를 나타내는 함수를 뜻함.
  - 그런데 위의 식은 가처분소득이 소비수준을 결정하는 데 다른 어떤 요인보다 더 중요한 역할을 한다는 케인즈의 이론을 반영하고 있어 '케인즈의 소비함수'라고 부름.
  - 가처분소득의 절대적 크기가 소비의 가장 중요한 결정요인이 된다고 본다는 뜻에서 케인즈의 소비이론을 절대소득가설이라고 부르기도 함.
  - 여기서 우리는 평균소비성향과 한계소비성향이라는 두 개념을 생각해 볼 수 있음.

$$\text{평균소비성향} = \frac{C}{Y_d} \tag{5-2}$$

$$\text{한계소비성향} = \frac{\Delta C}{\Delta Y_d}$$

- 효율적인 정책 수행을 위해서는 한계소비성향을 정확하게 알고 있어야 함.
- 국민의 한계소비성향을 알아야 이만큼의 소득세 감면이 소비, 따라서 총수요를 얼마나 증가시키게 될지 알 수 있게 됨.
- 따라서 한계소비성향은 이론의 관점에서뿐 아니라 정책의 관점에서도 매우 중요한 개념이라고 말할 수 있음.

- 식 (5-1)이 의미하는 가처분소득과 소비 사이의 관계를 보여주는 곡선, 즉 소비곡선을 선분의 모양으로 그리면 다음과 같음.

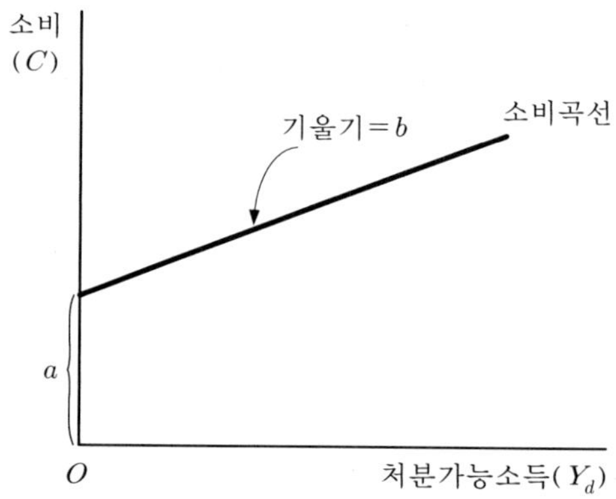

[그림 5-1] 소비곡선[45)]

- 평균소비성향과 한계소비성향을 알면 평균저축성향과 한계저축성향도 알 수 있게 됨.

$$평균저축성향 = \frac{S}{Y_d} \tag{5-3}$$

$$한계저축성향 = \frac{\Delta S}{\Delta Y_d}$$

- 가처분소득 중 소비되지 않은 부분이 저축되는 것이기 때문에 $C+S=Y_d$라는 관계가 항상 성립하게 됨.
- 이 식의 양변을 Y_d로 나누면 평균소비성향과 평균저축성향의 합이 항상 1이라는 의미를 가진 식이 됨.
- 또한 한계소비성향과 한계저축성향의 합도 역시 1이 되어야 함.

---

45) 소비곡선이 선분의 모양을 가질 경우 한계소비성향은 어디에서나 선분의 기울기(b)와 같은 값을 가짐.

1.2 소비를 결정하는 다른 요인들

① 재산

- 우리가 재산이라고 부르는 것에는 부동산, 귀금속, 자동차 등의 실물자산뿐만 아니라 예금, 주식, 채권 등 금융자산도 포함되어 있음.
- 소득은 그리 많지 않아도 상당한 재산을 갖고 있는 사람들을 종종 볼 수 있는데, 이런 사람들은 재산의 일부를 현금화함으로써 소비에 충당할 수 있는 자금을 마련할 수 있음.

② 물가수준

- 물가가 변동함에 따라 가계가 보유한 재산의 실질가치가 변화해 소비에 영향을 미치게 되는 것을 실질자산효과(real balance effect)[46]라고 부름.
  - 물가가 오르면 갖고 있는 돈뿐 아니라 모든 명목자산의 실질가치가 감소하는 결과가 빚어짐.[47]
  - 즉 물가가 상승하면 재산의 일부를 구성하는 명목자산의 실질가치가 감소할 것이고, 그렇게 되면 가계가 보유하는 재산이 실질적으로 줄어든 효과가 생김.
  - 이와 같은 재산의 실질적 감소는 가계의 소비를 떨어뜨리는 역할을 하게 됨.

③ 이자율

- 이자율이 높아지면 사람들은 소비를 줄이고 저축을 늘리는 반응을 보일 것이라고 짐작할 수 있음.

---

46) 고전학파는 부의 효과(wealth effect)를 크게 명목 통화공급을 증가시켜 부의 증가를 가져오는 실질잔고효과와 불황 하에서 물가의 하락으로 부의 증가를 가져오는 피구효과(Pigou effect)로 구분함. 대부분의 실증분석 결과에 의하면 소비는 소득변동에 의해 주로 영향을 받고, 부의 변동에 의해서는 미미한 영향만 받는 것으로 나타남.

47) 명목자산이란 예금이나 각종 공사채 등과 같이 그 가치가 일정한 양의 화폐로 고정되어 있는 자산을 의미함. 다시 말해 가치가 화폐단위로 고정되어 있는 자산을 말하는데, 물가가 올라가면 화폐가치가 떨어지므로 그 자산의 실질가치도 자연히 떨어지게 됨.

④ 미래소득

- 미래에 예상되는 소득이 (현재의) 소비수준에 영향을 주는 또 하나의 요인이 될 수 있음.
  - 소비자는 미래에 얻을 소득을 예상하고 현재의 소득수준 이상으로 소비를 증가시킬 수 있음.
- 소비수준을 결정하는 데 현재소득뿐 아니라 미래소득도 중요한 역할을 한다는 인식은 소비의 결정요인에 관한 새로운 이론이 태동하는 계기를 가져다주었음.
  - 이 방면으로의 연구가 두 명의 노벨상 수상자를 배출했는데, 항상소득가설을 제기한 프리드만(M. Friedman)과 생애주기가설을 제기한 모딜리아니(F. Modigliani)[48]가 바로 그들임.

2 새로운 소비이론

- 케인즈의 소비이론, 즉 절대소득가설(Absolute Income Hypothesis)은 너무나 단순한 나머지 현실의 소비행위를 충분히 설명해 주지 못한다는 문제점을 노출하게 되었는바, 지금 설명하려고 하는 이론들은 이와 같은 케인즈 이론의 한계를 극복하려는 의도에서 제기된 것임.

2.1 상대소득가설

- 상대소득가설(Relative Income Hypothesis)은 듀젠베리(J. Duesenberry)가 제기한 이론으로 소비는 소비자 본인의 현재소득, 비교대상이 되는 타인의 소득, 본인의 과거소득 등 상대소득에 의하여 영향을 받음.

---

48) 모딜리아니 이외에 브럼버그(R. Brumberg)와 앤도(A. Ando)에 의해서도 주창되었음.

- 전시효과(demonstration effect)
  - 개인의 소비행동이 사회의 소비수준의 영향을 받아 타인의 소비행동을 모방하려는 소비성향을 말함.

- 톱니효과(ratchet effect)
  - 소비가 과거로부터 영향을 받는 것을 말하는데, 이를 테면 부자가 망해도 지난날에 쓰던 버릇이 남아 있어 소비행태를 바꾸지 못하는 경우가 해당됨(소비의 비가역성[49]).

2.2 항상소득가설

- 항상소득가설(Permanent Income Hypothesis)은 항상소득의 일정비율이 항상소비로 쓰인다는 주장으로 장기적으로 평균소비성향이 일정하다는 가설이 됨.
  - 실제소득은 항상소득과 일시소득으로 구성되는데, 항상소득은 일생에 걸친 평균적 소득이라는 뜻을 갖는 반면, 일시소득은 일시적인 여건의 변화로 인해 생긴 소득을 뜻함.
  - 보통 때의 소득이 항상소득에 해당한다면, 경기가 좋아 추가적으로 생긴 소득은 일시소득이 됨.
  - 따라서 실제소득이 보통 때보다 더 높은 호황기에는 일시소득이 양의 값을 갖는 반면, 보통 때보다 소득이 줄어드는 불황기에는 일시소득이 음의 값을 갖게 됨.

- 항상소득이론에 따르면 사람들은 소비를 비교적 일정한 수준에서 유지하고 싶어 함.
  - 불황기에 일시적으로 소득이 감소하게 되면 소비자는 미래에 얻을 소득을 기대하고 돈을 빌려 종전과 비슷한 소비수준을 유지함.
  - 반면에 호황기에 일시적으로 소득이 증가하면 그것을 전부 소비하지 않고 일부를 떼어 저축해 놓음.

- 다시 말해 사람들은 일시소득의 변동에 따라 소비를 크게 늘리거나 줄이려 하지 않는다는 것임.
  - 일례로 금기 자신의 항상소득이 300만 원이라고 예상하고 있는 소비자가 뜻밖의

49) 비가역성(irreversibility)이란 소득이 증가함에 따라 일단 높아진 소비수준은 소득이 감소해도 쉽게 낮아지지 않는다는 것임.

포상금 100만 원을 받아 실제소득이 400만 원이 되었다고 하자. ⇒ 이 소비자는 100만 원은 일시(임시)소득이므로 소비지출에 반영하지 않고 당초 예상한 300만 원의 항상소득에 맞춰 자신의 소비지출을 한다는 것임.

2.3 생애주기가설

- 생애주기가설(Life-cycle Hypothesis)은 각자 일생에 걸친 평균적 노동소득 및 평균적 자산소득의 일정부분을 소비지출로 사용한다는 가설
  - 생애주기가설 역시 소비자들이 소비를 일정한 수준에 유지하려고 노력하는 태도를 가졌음을 강조
  - 그러나 소비자의 일생에 걸친 소득과 소비의 변화 양상에 주안점을 두고 있다는 점에서 항상소득가설과 차이가 있음.
- 동 이론에 따르면, 소비자는 현재소득이 아니라 일생 동안의 소득을 염두에 두고 적절한 소비수준을 결정함.
  - 그리고 전 생애에 걸쳐 이 소비수준을 유지하게 되므로 소비는 그때그때의 소득 변화에 민감하게 반응하지 않음.
  - 다시 말해 소득수준은 일생을 통해 크게 변하더라도[50] 소비수준의 변화는 그보다 훨씬 작게 변함.
- 생애주기소득과 소비 간의 관계를 그림으로 나타내면 [그림 5-2]와 같음.

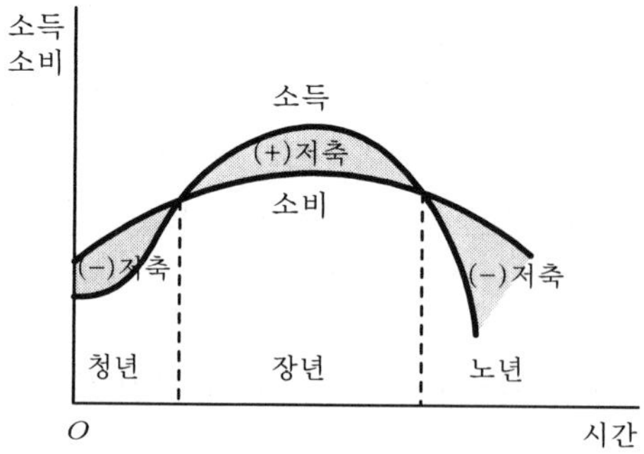

[그림 5-2] 생애주기소득과 소비[51]

---

50) 사람들의 일생 소득수준은 청년기에 비교적 낮고 장년기에 높아졌다가 노년기에 이르러 급격히 낮아짐.

51) 생애주기가설은 일생의 소득을 어느 정도 균등하게 소비한다는 다기간모형임.

2.4 | 평 가

① 긍정적 측면

- 항상소득가설과 생애주기가설의 가장 중요한 공헌은 소비가 현재소득뿐 아니라 미래소득에도 영향을 받는다는 사실을 이론화했다는 데 있음.[52)]
- 소비자는 늘어난 소득을 남은 생애의 소비에 균등하게 배분하려 할 것이고, 따라서 사람들의 소비는 정부가 기대한 것보다(예를 들어 올해만 소득세를 감면해 주기로 했다면) 훨씬 더 작은 폭으로 증가하게 됨.
- 이와 같이 미래에 예상되는 소득이 소비를 결정하는 주요 변수라면, 어떤 정책이 일시적인 것인지의 여부나 예상된 것인지의 여부에 따라 그 효과가 크게 다르게 됨.

② 문제점

- 첫째 불확실한 미래에 대한 예측의 어려움을 들 수 있음. ⇒ 즉 불확실성하에서 사람들은 생애주기가설이나 항상소득가설이 주장하는 소비행태를 그대로 따르기는 쉽지 않을 것임.
- 둘째 유동성 제약(liquidity constraint)의 문제를 간과하고 있다는 비판임. ⇒ ㉠ 앞서 다기간모형이 청년기에는 돈을 빌려 쓰고 장년기에는 돈을 갚으면서 노년기를 대비하여 저축한다는 분석은 희망사항일 수 있음. ㉡ 돈이란 것은 빌리고자 할 때 마음대로 빌릴 수 있는 것이 아닐뿐더러 갚고자 해도 여건상 갚지 못할 수도 있기 때문임. ㉢ 만일 사람들이 일생을 살아가면서 때때로 유동성 제약에 직면한다면 소비자의 당초 소비계획은 차질을 빚게 되고 다기간모형은 설명력이 떨어짐.
- 셋째 유산(bequest)의 문제를 고려하지 않았다는 점임. ⇒ ㉠ 특히 우리나라를 비롯한 동양사회에서는 재산의 일부를 자식에게 물려주려는 전통이 있음. ㉡ 즉 사

---

52) 항상소득가설과 생애주기가설 사이의 관계를 요약하면 다음과 같음.
• 공통점 : 소비 내지 생활수준을 고르게 유지하려고 함.
• 차이점 : 항상소득가설은 소비가 정상적인 소득의 평균치에 의존하는 반면, 생애소득가설은 일생의 소득을 모두 고려한 후 소비를 결정함.

람들은 자신의 일생의 효용뿐 아니라 자손의 효용도 고려하여 소비지출을 한다는 것임. ⓒ 유산문제를 고려한다면 사람들의 소비행태는 생애주기가설이나 항상소득가설과는 많이 달라질 것임. ⓓ 또한 사람들은 미래 불확실성에 대비하기 위해서 소비를 줄이는 대신 저축을 증가시킬 것이므로 사망시점에서 상당한 부를 남길 가능성이 있음.

3 결 론

- 지난 40~50년간 많은 경제학자들이 소비이론에 대한 연구를 해왔으나 아직 어느 이론도 현실 설명력에 있어 절대적 우위를 나타내지 못하고 있음.
  - 케인즈의 절대소득가설이 소비행태를 지나치게 단순화했다는 문제점은 있으나 그렇다고 해서 케인즈의 소비이론이 현실성이 떨어지는 이론이라고 말할 수는 없음.

참고자료

(1) 이준구 · 이창용(2012), 《경제학 들어가기》, 법문사.
(2) 안홍식(2012), 《경제학원론》, 삼영사.

CHAPTER 06

소비자의 선택 : 한계효용이론

1. 가 정
2. 소비자의 문제
3. 소비자의 균형조건
4. 수요의 결정요인과 수요함수의 성격
5. 가격변화의 효과(가격효과)
6. 수요곡선의 경제학적 의미

부록 [6-1] 한계의 원리

부록 [6-2] 합리적 소비

보통 합리적 소비자라면 쇼핑을 할 때 제품이 얼마나 필요한지, 가격은 적당한지 그리고 내구성은 어떤지, 디자인은 괜찮은지 등 다양한 요인을 고려해 소비를 한다. 그러나 심리적인 측면에서 구매에 영향을 미치는 요인이 하나 있는데 이를 '거래효용(transaction utility)' 이라고 한다. 거래효용은 소비자 마음속 가격인 준거가격과 실제로 구입할 때 지급한 지급가격 간 차이에서 발생한다. 둘 간의 차이 값이 플러스면 '이익' 이고, 마이너스면 '손실' 이다. 이 가격차가 플러스로 크면 클수록 소비자의 구입 욕구나 만족도는 높아진다고 할 수 있다. 거래효용은 세계적인 베스트셀러 '넛지(nudge)' [53]의 저자이자 행동경제학 창시자로 알려진 리처드 탈러 시카고대 교수가 제안한 이론이다. 쉽게 말해 실제 지급가격이 준거가격보다 낮을 때 거래효용이 커진다는 이론인데, 그는 어떤 물건이나 서비스를 구매했을 때의 가치는 해당 물건이나 서비스를 획득했을 때의 만족, 즉 획득효용과 거래효용의 합으로 측정할 수 있다고 주장했다. 가령 똑같은 맥주라고 해도 사람들은 일반 가게에서 파는 것보다 호텔에서 파는 맥주를 고급으로 인식하는데, 만약 호텔 맥주가 생각보다 가격이 낮다면 일반 가게 맥주보다 비싸더라도 기꺼이 호텔 맥주를 구입하게 된다는 것이다. 거래효용이 더 큰 쪽을 선택하는 것이다. 거래효용으로 설명 가능한 현상들을 주위에서 자주 볼 수 있다. 대표적인 사례가 백화점 바겐세일이다. 백화점 바겐세일 현장에 가보면 괜찮아 보이는 다양한 제품이 큰 폭의 세일을 하는 경우가 많다. 정상가에서 크게 할인된 가격을 보면 소비자들은 구매욕구가 발생하게 된다. 백화점에서 판매하는 괜찮은 물건을 저렴한 가격에 구입한다는 만족감이 커지기 때문이다. 백화점 전체 세일과 개별 브랜드의 세일을 합하면 1년에 대략 200일 정도가 세일 기간이라고 한다. 세일가격에 사지 못하는 게 손해라는 생각이 들 정도다. 결국 구매를 결정하게 한 요인은 제품 자체가 아니라 사람들이 상대적으로 저렴하다고 느끼는 가격인 것이다.

– 김재진(매경 경제경영연구소 선임연구원) –

출처 : 2012. 04. 27., "[매경TEST] 생각보다 물건 값이 싼 경우 '거래효용' 발생", 《매일경제》

---

53) 넛지 효과(nudge effect) : 넛지(nudge)는 '옆구리를 슬쩍 찌른다'는 뜻으로 강요에 의하지 않고 유연하게 개입함으로써 선택을 유도하는 방법을 말하는데, 부드러운 개입을 통해 타인의 선택을 유도하는 것을 뜻하는 넛지라는 단어는 행동경제학자인 리처드 탈러 시카고대 교수와 카스 선스타인 하버드대 로스쿨 교수의 공저인 《넛지》에 소개되어 유명해진 말임. 이들에 의하면 강요에 의하지 않고 자연스럽게 선택을 이끄는 힘은 생각보다 큰 효과가 있는데 의사가 수술해서 살아날 확률이 90%라고 말했을 때와 그 수술로 죽을 확률이 10%라고 말했을 때 죽을 확률을 말한 경우에는 대다수의 환자가 수술을 거부한다는 것임. 또한 네덜란드 암스테르담의 스키폴 공항에 남자 소변기 중앙에 파리 그림을 그려놓았더니 변기 밖으로 튀는 소변의 양이 80%나 줄었다고 함. 한편 선스타인 교수는 백악관 규제정보국 담당으로 금융 · 환경 등 각종 규제를 총괄하는 직책으로 오바마 정부에 합류하였고 소비자금융보호국(CFPA) 신설을 제안하며 2009년 미국 행정부 내 넛지 바람을 일으키고 있음. 모기지(주택담보대출) · 신용카드 · 금융상품 등을 감독할 경우 일방적 규제를 지양해 넛지효과로 소비자의 충동적 선택을 줄여 경제위기 재발을 막겠다는 것임. 〈네이버〉-지식백과-시사상식사전 참조.

1 가 정

1.1 효용함수

① 가정

- 소비자에게 기수적 효용함수가 주어졌으며(효용이 측정 가능하며, 독립적이고 가법적임), 한계효용은 체감함.

② 효용

- 한 소비자가 어떤 상품을 소비함으로써 주관적으로 느끼는 만족도

③ 효용함수[54)]

- X라는 상품의 소비량과 효용은 함수관계를 가짐.
  - $U=U(X)$

④ 한계효용[55)]

- 어떤 상품(X)의 소비량이 한 단위 더 증가할 때 효용의 증가분

- 총효용과 한계효용의 구체적 사례를 표로 나타내면 〈표 6-1〉과 같음.

---

54) 효용함수란 일정기간에 상품의 소비량과 그로부터 얻어지는 (총)효용과의 관계를 말하는데, 상품이 두 개인 경우는 다음과 같음. $U=f(X,Y)$ 여기서 X : X재 소비량, Y : Y재 소비량, U : 총효용(일정기간 동안 일정량의 상품을 소비함으로써 얻을 수 있는 주관적인 만족도)

55) 한계효용의 정의를 일반화시키면 소비량이 1단위 증가(감소)할 때 변화하는 총효용의 증가(감소)분을 의미하는데, 이는 다음과 같이 표현할 수 있음.

$$MU_x=\frac{\Delta U}{\Delta X},\quad MU_y=\frac{\Delta U}{\Delta Y}$$

⑤ 한계효용체감의 법칙

- X 소비가 증가할 때 한계효용이 감소하는 상황을 의미, 혹은 총효용곡선의 기울기가 점점 감소한다는 것을 의미[56]

〈표 6-1〉 총효용과 한계효용

아이스크림 소비량(통)	총효용(유틸)	한계효용(유틸)
0	0	
		20
1	20	
		19
2	39	
		18
3	57	
		17
4	74	
		16
5	90	
		15
6	105	

⑥ 소비재가 2개 이상일 경우

- $U = U(X_1, X_2, \cdots, X_n)$

1.2 가격과 소득

① 가정

- 소득(I)과 가격(P_x, P_y)이 주어졌음.
  - 이는 곧 소비가능영역이 주어졌다는 의미이며, 다시 말해서 예산조건이 주어졌다는 의미

56) 이를 일반화시키면 다른 상품들의 소비량이 고정된 상태에서 한 상품의 소비량이 증가할수록 그 상품의 한계효용이 감소하는 것을 말함.

② 예산선

- 예산선 도출이 가능
  - 예산선(budget line)이란 주어진 소득 또는 예산을 전부 사용하여 구입할 수 있는 상품의 조합들을 나타내는 직선임.

2 소비자의 문제

- 한계효용체감의 법칙이 적용되는 효용함수가 주어졌고, 그리고 가격과 소득이 주어졌다면 소비자의 의사결정을 요하는 문제는 구체적으로 무엇인가?
  ⇒ 이는 선택이 가능한 상품묶음 중에서 소비자의 주관적인 만족, 즉 총효용을 최대화시키기 위한 상품묶음의 선택으로 설명됨.

3 소비자의 균형조건[57)]

3.1 한계효용균등의 법칙

- 소비자들은 제각기 소득범위 내에서 어떤 재화를 얼마만큼 소비할 것인지를 선택해야 함.

---

57) 소비자 선택의 조건이라고도 하는데, 이를 다음과 같이 설명할 수도 있음.
㉠ 한계효용균등의 법칙
-한계효용균등의 법칙 : 각 상품 1원어치의 한계효용이 균등하여 주어진 소득으로 소비자는 최대의 효용을 얻게 됨. 즉

$$\frac{MU_x}{Px} = \frac{MU_y}{P_y} \qquad (1)$$

일 때 소비자는 최대의 효용을 얻음.
㉡ 효용극대화조건(=소비자균형조건)
-주어진 소득제약 조건은 다음과 같이 표시됨.

$$P_x + X + P_y Y = I \qquad (2)$$

-(2)의 조건 하에서 (1)을 만족시키도록 X, Y재의 구입량을 결정할 때 소비자는 주어진 소득(I)으로 최대의 만족을 얻게 됨.
-(1)식과 (2)식을 소비자의 효용극대화조건이라 함.

- 선택기준은 소비자들이 주어진 소득범위 내에서 최대의 효용을 얻을 수 있도록 재화의 소비량을 선택하는 것임.
  - 소비자들은 효용을 증가시키도록 계획적이고 의도적인 선택을 함.
- 소비자가 소비행위를 하는 데 있어 한계효용체감의 법칙이 어떻게 작용하는지 살펴보고자 함.
- 예를 들어 갑이 주어진 소득으로 두 재화인 우유와 아이스크림만을 소비한다고 가정했을 때 우유와 아이스크림을 각각 얼마만큼씩 선택해야 하는가?
- 〈표 6-2〉는 갑의 우유와 아이스크림의 효용에 관한 정보임.
- 가령 갑이 4,500원의 소득으로 단위당 1,000원 하는 우유와 단위당 500원 하는 아이스크림을 소비하는 경우를 보자.
- 우유 2단위와 아이스크림 5단위를 선택할 경우 비용은 4,500원이고 얻을 수 있는 총효용은 11+11=22유틸이 됨.
- 만일 갑이 우유 소비를 한 단위 증가하고자 한다면 어떠한 결과가 발생하겠는가?
  - 우유를 한 단위 더 소비하려면 1,000원에 해당하는 아이스크림의 소비를 줄여야 하므로 아이스크림의 소비는 5단위에서 3단위로 2단위 감소해야 함.
  - 그 결과 우유 3단위와 아이스크림 3단위의 소비에서 얻을 수 있는 총효용의 크기는 25유틸로 우유 2단위와 아이스크림 5단위 선택의 경우보다 총효용이 증가함.
  - 이는 우유 소비증가에 따른 효용증가는 4유틸이며, 아이스크림 소비감소에 따른 효용감소는 1유틸로 갑이 아이스크림 대신 우유 소비를 늘림으로써 총효용이 3유틸만큼 증가했기 때문

〈표 6-2〉 갑의 우유와 아이스크림의 효용표

우유(가격 : 1,000원)				아이스크림(가격 : 500원)			
소비량	총효용	한계효용	1,000원당 한계효용	소비량	총효용	한계효용	1,000원당 한계효용
1	6	6	6	1	5	5	10
2	11	5	5	2	8	3	6
3	15	4	4	3	10	2	4
4	18	3	3	4	11	1	2
5	20	2	2	5	11	0	0

- 이처럼 소비자들은 소비조합의 변경과정을 되풀이함으로써 최대의 효용을 얻는 소비조합을 찾게 됨.

- 그러나 이런 과정은 지루하고 시간 낭비적이기 때문에 과정 속에 있는 원리를 찾아서 좀 더 간단하고 신속하게 효용을 극대화하는 소비조합을 발견하는 방법이 있는바, 이것이 바로 가중 또는 원당 한계효용균등의 법칙임.
  - 〈표 6-2〉에 의하면 우유 소비를 한 단위 증가하는 데 드는 비용은 1,000원이며 아이스크림은 500원임.
  - 우유와 아이스크림의 3단위 째 한계효용은 각각 4유틸과 2유틸임.
  - 언뜻 보기에는 우유의 한계효용이 큰 것 같지만 실제로는 똑같은데, 왜냐하면 우유와 아이스크림으로부터 각각 4유틸과 2유틸을 추가로 얻기 위하여 지불한 비용이 각각 1,000원과 500원으로, 1유틸을 추가로 얻는 데 드는 비용은 두 재화의 경우 똑같이 250원이기 때문임.
  - 따라서 한계효용을 단위비용, 즉 가격으로 나누어 1,000원당 가중한계효용을 구한 다음 비교하는 것이 정확함.
  - 〈표 6-2〉의 우유와 아이스크림의 마지막 열은 각각의 한계효용을 가격으로 나눈 가중(원당)한계효용임.
  - 〈표 6-2〉를 보면 우유와 아이스크림 소비를 각각 2단위와 5단위 소비할 경우 단위당(천 원당) 한계효용은 각각 5와 0임.
  - 이는 우유와 아이스크림에 각각 1,000원을 지불하여 얻을 수 있는 한계효용의 크기를 의미함.
  - 따라서 합리적인 소비자는 아이스크림 소비를 줄이고자 하는데, 왜냐하면 1,000원을 지불하고 얻은 아이스크림의 한계효용이 0이기 때문
  - 이번에는 아이스크림의 소비를 줄여서 1단위 소비하는 대신에 우유를 4단위 소비하는 경우를 보자.
  - 우유 4단위와 아이스크림 1단위의 천 원당 한계효용은 각각 3과 10이고 촌효용은 23임.
  - 따라서 갑이 1,000원을 지불하여 얻을 수 있는 한계효용이 우유보다 아이스크림이 더 크기 때문에 이번에는 우유 소비를 줄이고 아이스크림 소비를 늘릴 것임.
  - 따라서 우유 소비를 1단위 줄이는 대신 아이스크림 소비를 2단위 늘려 우유와 아이스크림을 각각 3단위씩 선택하면 어떻게 되겠는가?
  - 이 경우 우유와 아이스크림의 1,000원당 한계효용은 각각 4이며 촌효용은 25유틸이 되어 어떤 선택보다도 효용이 큼.

- 이와 같이 만일 어느 한쪽의 원당 한계효용이 다른 쪽보다 크다면 원당 한계효용이 큰 쪽의 소비를 늘림으로써 존효용을 증가시킬 수 있음.
- 그런데 한 재화의 소비를 늘리면 한계효용체감의 법칙에 따라 그 재화의 한계효용이 감소하므로 원당 한계효용도 작아짐.
- 따라서 두 재화 사이의 원당 한계효용이 같아질 때까지 원당 한계효용이 작은 재화의 소비는 줄이는 대신 원당 한계효용이 큰 재화의 소비를 늘리는 소비조합의 조정과정이 이루어지다가 마침내 두 재화의 원당 한계효용이 같은 소비조합을 선택하게 되면 소비자의 효용은 극대가 되어 소비자는 균형 상태에 있게 됨.
- 이것이 원당 한계효용균등의 법칙임.[58]

3.2 소비자 문제의 해결

- 소비자의 균형점(더 이상 소비조정이 필요 없는 상태를 말함), 즉 소비자의 문제를 해결해 주는 상품묶음, 다시 말해서 소비자 문제의 해결점은 다음의 2가지 조건을 충족시켜야 함.

$P_x \cdot X + P_y \cdot Y = I$ -------------① 예산조건의 충족

$\frac{MU_x}{P_x} = \frac{MU_y}{P_y} = k$ -----------② (원당)한계효용균등의 법칙 충족

- ①식은 선택이 가능한 상품묶음이어야 함을 의미하는데, 이는 다시 말해 예산선(가격선)으로 표시된 소비가능영역 안에 있어야 함을 의미
- ②식이 충족되어야 하는 이유는 다음과 같은 방식으로 설명

$$\text{if } \frac{MU_x}{P_x} > \frac{MU_y}{P_y} \quad \text{or} \quad \frac{MU_x}{P_x} < \frac{MU_y}{P_y}$$

⇒ 소비자의 균형점이 될 수 없음을 증명하면 됨.

- 결과적으로 소비자 문제의 해결은 ①과 ②를 충족시키는 X와 Y를 찾는 것임.

---

58) 한계효용균등의 법칙은 효용의 절대적 크기를 측정할 수 있다는 효용의 기수적 가측성에 입각하고 있으나 효용은 주관적·심리적 요인에 의해 영향을 받고 있으므로 효용의 가측성 가정은 문제라는 비판이 있음. 동시에 한계효용균등의 법칙은 화폐의 한계효용이 일정하다는 가정하에서 성립하는 것임. 만일 화폐의 한계효용이 다른 재화와 마찬가지로 체감한다면 한계효용균등의 법칙은 성립하지 않을 것임. 예를 들어 화폐의 한계효용이 체감한다면 돈을 쓸 때마다 화폐 한 단위의 한계효용이 변함. 즉 어떤 사람이 100만 원을 보유하고 있을 때 화폐 한 단위의 한계효용과 10만 원을 지출한 후 90만 원이 남았을 때의 화폐 한 단위의 한계효용은 다름. 그러므로 한계효용균등의 법칙에서 화폐 한 단위의 한계효용이 모든 재화에 있어 동일하게 되도록 재화를 구매한다는 소비자선택원리는 화폐의 한계효용이 체감할 경우 성립할 수 없다는 한계가 있음. 이와 관련하여 안홍식(2012, p.127) 참조.

4 수요의 결정요인과 수요함수의 성격

4.1 수요의 결정요인

- 소비자의 균형점(X^*, Y^*)에 의해 X재와 Y재의 수요가 결정되는데, 이 경우 X^*와 Y^*를 결정하는 요인들은 무엇인가?

- from ①
  - P_x, P_y, I에 의해 결정되는바, 즉 소비자의 균형점은 가격선상에나 그 안에 있어서 취득이 가능한 상품묶음이어야 함.

- from ②
  - MU_x와 MU_y에 의해서 영향을 받게 되는데, 이는 곧 총효용, 다시 말해 소비자들의 기호에 의해서 영향을 받음을 의미

- $X_d = f(P_x, P_y, I, T)$
  $Y_d = g(P_x, P_y, I, T)$

단, X_d와 Y_d는 각각 X재와 Y재의 수요

4.2 수요함수의 성격59)

- 수요의 법칙이 적용됨.
  - 한 재화의 수요와 그 자체 상품가격은 역의 관계를 갖게 됨.
  - X재와 Y재의 수요곡선이 우하향함.

- 이유 설명
  - 첫째 $\dfrac{MU_x}{P_x} = \dfrac{MU_y}{P_y}$의 균형조건에서 다른 변수들은 불변인데, P_x만이 변화하여

59) 효용극대화조건을 이용하여 수요곡선을 도출하고 수요곡선이 우하향하는 것을 보일 수 있는 것임.

하락할 경우, 위의 균형조건은 $\frac{MU_x}{P_x} > \frac{MU_y}{P_y}$ 이 되어 X재의 소비를 증가시킴으로써(MU_x를 하락시킴으로써) 균형으로 복귀 가능

• 둘째 $\frac{MU_x}{P_x} = \frac{MU_y}{P_y} = k$(소득의 한계효용)에서 k가 일정한 소득범위 내에서는 불변이라고 하자.

X재에 관한 한, $MU_x = kP_x \Rightarrow P_x = \frac{1}{k}MU_x$ (단, k는 상수)

5 가격변화의 효과(가격효과)

5.1 | 대체효과와 소득효과

① 대체효과

- 대체효과(substitution effect)는 어떤 상품이 다른 상품에 비해 상대적으로 더 싸졌기 때문에 이의 소비량이 늘어나는 것을 의미

② 소득효과

- 상품가격의 변화는 소비자의 실질소득에 변화를 가져오게 되는데, 이로 인해 수요량이 변화하는 것을 소득효과(income effect)라고 부름.

5.2 | 대체효과와 소득효과의 영향

- 고려대상이 되는 상품이 정상재인지 아니면 열등재인지에 따라 대체효과와 소득효과가 같은 방향으로 작용할 수도 있고 반대되는 방향으로 작용할 수도 있음.

- 부연 설명하면 소득효과는 고려대상이 되는 상품의 성격에 따라 작용의 방향이 달

라지지만, 대체효과의 경우에는 상품의 성격과 관계없이 언제나 똑같은 방향으로 작용함(즉 대체효과는 가격과 수요량이 언제나 역의 방향으로 작용).

5.3 정상재와 열등재의 경우

- 정상재의 경우에는 대체효과와 소득효과가 같은 방향으로 작용하여 수요곡선이 우하향하는 모양을 갖게 됨.

- 그러나 고려대상이 되는 상품이 열등재의 성격을 갖는 경우에는 대체효과와 소득효과가 반대 방향으로 작용하기 때문에 상황이 조금 복잡해짐.
  - 만약 대체효과의 절대적 크기가 소득효과의 절대적 크기보다 더 크다면 수요곡선은 보통의 경우와 다름없이 우하향하는 모양을 가짐.
  - 그러나 아주 예외적으로 소득효과가 너무 커 그 절대적 크기가 대체효과보다 더 큰 경우가 있을 수 있음.

    ⇒ 이런 상품의 경우에는 가격이 떨어질 때 수요량이 줄어드는 예외적인 현상이 나타나게 됨.[60]

6 수요곡선의 경제학적 의미

6.1 개별수요곡선의 하부면적

- 개별소비자의 X재에 대한 수요곡선은 $\frac{1}{k} \cdot MU_x$에 의해 결정됨.

- 따라서 X재에 대한 수요곡선의 하부면적은 X재로부터 얻는 한계효용의 합을 k로 나눈 것임.

---

60) 다시 말해 수요곡선이 우상향하는 모양을 가진다는 것인데, 이와 같은 성격을 갖는 상품을 기펜재(giffen goods)라고 부름.

- 결국 총효용을 원당 한계효용으로 나눈 것은 총효용을 화폐단위로 환산한 것임.
  - $k=1 \Rightarrow$ 총효용 자체가 수요곡선 아래의 면적
  - $k \neq 1 \Rightarrow$ X재로부터 얻는 총효용에 해당되는 화폐가치

6.2 시장수요곡선[61]의 하부면적

- X재를 소비하는 모든 소비자들의 총효용을 합한 사회적 총효용을 화폐단위로 환산한 것임.
  - 사회적 총이득에 해당됨.

참고자료

(1) 이준구 · 이창용(2012), 《경제학 들어가기》, 법문사.
(2) 김애영(2005), 《경제학의 이해》, 청목출판사.
(3) 김균 · 이만우 · 이학용(2000), 《경제학원론》, 율곡출판사.
(4) 안홍식(2012), 《경제학원론》, 삼영사.

61) 개별소비자들의 수요곡선을 수평 방향으로 더하면 시장의 수요곡선을 얻을 수 있음.

부록 [6-1] 한계의 원리

1. 현명한 의사결정과 한계의 원리

- 한계효용, 한계비용 등 한계의 개념은 중요한 경제 원리일 뿐만 아니라 일상생활에서도 많이 쓰이기 때문에 생활 속의 예를 통해 알아보도록 하자.

1.1 사례1

- 영효는 오늘 기말고사가 끝난 후 친구들과 축구를 하였는데, 시합이 끝난 후 목이 매우 말라 콜라 한 병을 샀음. 한 잔, 두 잔, 시원한 그 맛에 날아갈 듯이 기분이 좋아졌으며 세 번째 잔을 마시자 갈증이 가셨음. 그러나 네 번째 잔부터는 너무 배가 불러 좋았던 기분이 오히려 불쾌감으로 변했음.

1.2 사례2

- 동재는 기말고사가 끝난 기념으로 그동안 모아 둔 용돈 중 4만 원을 가지고 주말을 즐기기로 하였는바, 동재는 영화광이기 때문에 우선 영화 두 편을 2만 원을 주고 보았음. 남은 돈으로 영화를 한 편 더 볼까, PC방에 가서 오락을 할까, 음악회를 갈까 망설이다가 PC방과 음악회(각각 1만 원)를 가기로 하였음.

1.3 사례3

- 지영이와 은영이는 같은 반 친구인데, 두 사람은 기말고사를 앞두고 공부방법에 관한 이야기를 하던 중 서로 차이가 있음을 발견하였음. 지영이는 좋아하는 과목을 먼저 하고 어렵거나 싫어하는 과목은 나중에 한다고 하는 반면, 은영이는 과목별로 1시간 더 공부를 할 때마다 몇 점을 더 올릴 수 있는지를 생각해서 많은 점수를 올릴 수 있는 과목부터 한다고 하였음.

1.4 사례4

- 서울에서 제주까지 운항하는 비행기의 요금이 10만 원일 경우 좌석의 여유분이 있는데 승객 한 명이 5만 원에 태워 달라고 한다면 항공사는 이 사람을 태워야 할까, 말아야 할까?

2. 한계효용 및 한계효용체감의 법칙

- 우리가 돈이나 시간을 사용하거나 또는 재화나 서비스를 소비하면서 얻을 수 있는 만족이나 행복감을 '효용'이라고 함.

- 그리고 소비를 조금씩 늘릴 때마다 추가적으로 늘어나는 효용을 '한계효용'이라고 함.
  - 여기서 한계라는 말은 추가적인(additional) 또는 끝 부분에서의 조그마한 변동(marginal)을 뜻하는 말임.

- 그런데 개인이나 기업 등 경제주체는 '지금보다 조금 더' 변화할 때의 결과(한계효용 또는 한계수입, 한계비용)를 고려하여야만 현명하고 합리적으로 의사결정을 할 수 있게 됨.

- 위의 〈사례1〉에서와 같이 사람들은 보통 첫 번째 소비에서 가장 큰 만족(한계효용)을 누리게 되지만 소비가 한 단위씩 늘어날 때마다 만족이 감소하게 되는데 이러한 현상을 '한계효용체감의 법칙'이라 함.
  - 그런데 여기서 콜라 세 잔까지는 한계효용이 감소하다 네 번째 잔부터는 음(−)의 값을 갖게 됨을 주의할 필요가 있음.
  - 즉 한계효용이 체감하더라도 영(0)보다 크다면 효용은 여전히 증가하게 됨.
  - 그러나 한계효용이 음(−)이 되는 순간부터는 효용이 오히려 감소하여 합리적인 소비라 할 수 없을 것임.
  - 지나침은 부족함만 못하다는 말은 소비에도 적용됨을 알 수 있음.

3. 개인의 효용 극대화를 위한 선택

- 우리가 시간을 무제한으로 사용할 수 있고 돈도 마음대로 쓸 수 있는 부자라면 하고 싶은 일을 마음대로 하면서 행복을 극대화할 수 있을 것임.

- 그러나 대부분의 사람들은 그렇지 못하기 때문에 우리는 주어진 여건 하에서 자신의 행복을 극대화하기 위해 노력하게 됨.

- 위의 〈사례2〉에서 동재는 매우 현명하게 소비활동을 하고 있음을 알 수 있음.
  - 동재가 영화를 한 편 볼 때의 한계효용(만족감)을 100이라 하고, 두 번째 영화는 80, 세 번째 영화는 70 정도로 줄어든다고 가정, 한편 PC방과 음악회에 갈 때의 한계효용은 처음에는 80, 두 번째는 70이라고 가정하자.
  - 동재는 4만 원을 소비하면서 총 340(영화 2편 180, PC방 80, 음악회 80)의 효용을 얻었음.

- 그런데 여기서 3가지 선택의 대안 중 마지막 소비가 가져다주는 효용은 80으로 동일함을 알 수 있음.

- 〈사례3〉은 돈이 아닌 시간을 쓸 때의 효용 극대화란 점 외에는 〈사례2〉와 사실상 동일한 예임.
  - 특정 과목을 집중적으로 공부하는 지영이보다는 과목별로 1시간(한계비용) 공부할 때마다 몇 점씩을 더 받을 수 있는지(한계효용)를 생각하며 공부하는 은영이가 더욱 시간을 효율적으로 사용하는 셈임.

- 위의 예에서와 같이 여러 가지 재화(시간, 또는 서비스)의 마지막 상품을 소비할 때 얻을 수 있는 효용, 즉 한계효용이 같아지도록 할 때 효용을 극대화할 수 있는데 이를 '한계효용 균등의 법칙'이라고 함.

4. 기업의 합리적 의사결정

- 〈사례4〉의 경우는 기업의 합리적인 의사결정에 관한 예임.

- 여러분이 항공사 사장이라면 어떻게 하겠는가?
  - 승객 한 명을 더 태우면 추가적인 수입(한계수입)은 5만 원이지만, 추가적인 비용(한계비용)은 음료수 제공 등의 기내 서비스 비용 정도일 것임.
  - 따라서 당연히 태우는 것이 현명한 의사결정이라 할 수 있음.

5. 한계의 원리와 생활의 지혜

- 우리는 일상생활 속에서 의식적이든 또는 무의식적이든 많은 경우에 한계의 원리를 적용하여 의사결정을 하고 있음.
  - 여러분도 뷔페식당에 갔을 때 자기가 특별히 좋아하는 한두 가지 음식만 계속 먹지는 않을 것임.
  - 한계효용체감의 법칙과 한계효용균등의 법칙을 몰랐지만 여러분은 본능적으로 행복을 극대화하기 위해 노력하고 있다는 증거임.

- 한계의 원리는 우리의 인생에도 그대로 적용할 수 있음.
  - 국어나 수학 한두 과목만 열심히 해서 좋은 성적을 받을 수 없듯이 인생에 있어서도 돈 외에 건강, 보람된 직장(직업), 명예, 친구, 화목한 가정 등 여러 가지가 적절히 갖추어져야만 행복을 극대화할 수 있음.
  - 이와 같이 우리는 한계적으로 생각할 수 있어야 최선의 결정을 내릴 수 있는 것임.

- 현재 주어진 상황에서 한계효용과 한계비용을 따져가면서 현명한 의사결정을 하기 바라며, 그럴 때 비로소 보다 큰 만족을 얻을 수 있을 것임.
  - 문제는 '만족이나 비용을 어떻게 측정할 수 있는가'인데, 만약 그 측정 자체가 불가능하다면 이론적인 한계조건이 의미를 가질 수 없을지도 모름.

참고자료

(1) 안형순(2007), "현명한 의사결정과 한계의 원리", 한국은행 경제교육(경제기초원리), 2007. 06. 21.

(2) 차성훈(2007), "한계편익과 한계비용에 대해", 《"click" 경제교육》, KDI경제정보센터, 2007. 05.

부록 [6-2] 합리적 소비

1. 가계의 소비행위

- 사람들은 물건을 살 때 가능한 한 큰 만족을 얻기 위해 노력함.
  - 즉 구입할 상품을 사용함으로써 얻는 만족감과 상품의 가격을 서로 비교해서 같은 값이라면 더 큰 만족을 얻을 수 있는 상품을 선택하거나, 같은 만족을 얻을 수 있다면 값이 더 싼 상품을 선택
- 여러분들도 마찬가지로 가지고 있는 용돈의 범위 안에서 여러 가지 선택 가능한 상품(예를 들어 음악CD, 피자 또는 컴퓨터 게임) 가운데에서 어느 것을 구입해야 가장 마음에 들 것인지 계산한 후에 구입할 것임.
  - 물론 이러한 계산은 직접 계산기를 두드려서 나오는 것이 아니라 여러분들의 머릿속에서 자신도 의식하지 못하는 사이에 자동적으로 일어나고 있음.
  - 우리들이 만족감이나 편익, 비용, 선택과 같은 용어들에 대해 잘 모르더라도 머릿속에서는 나름대로의 계산과정을 거쳐서 가장 마음에 드는 선택을 하고 있는 것임.
- 다시 말해 경제주체의 하나인 가계는 효용을 크게 하는 방향으로 소비하려고 함.
  - 효용이란 상품 소비에 따라 얻어지는 만족으로 소비량이 많을수록 전체효용은 커지게 됨.
  - 그러나 소비하는 데는 돈이 들기 때문에 소비할 수 있는 상품의 양은 소득의 범위를 넘을 수가 없음.
- 결국 합리적 소비자들은 예산제약 범위 내에서 최대의 효용을 얻기 위해 여러 가지 중에서 선택하여 소비하려고 함.

2. 합리적 소비란

- 합리적인 소비란 개인이 자신의 효용이 무엇인지를 정확히 알고 그에 맞추어 예산범위 내에서 일관성 있게 효용을 극대화하는 소비를 말함.
- 합리적인 소비방법의 하나로 계획적인 소비활동을 들 수 있음.
  - 반드시 구매계획을 세운 후에 구매함으로써 충동구매와 시간낭비를 줄이도록 해야 하며, 장기 생활설계를 통해 미래의 지출과 저축 등을 감안하여 소비를 해야 함.
- 다음으로는 가격과 품질에 근거하여 선택하여야 함.
  - 무조건 대형이나 외제를 선호하기보다는 각 개인의 생활여건과 편리성을 따져 물건

을 고르고 가격과 품질, 실용성 등을 고루 비교한 후 구매하여야 함.

- 소비자단체나 신문, 잡지 등의 상품에 관한 다양한 정보들을 적극적으로 활용하는 것이 바람직함.
- 끝으로 생산적인 소비활동을 하여야 함.
  - 같은 지출을 하더라도 미래의 삶에 도움이 되는 소비를 함으로써 더 나은 미래를 위한 수단이 되도록 해야 함.
  - 즉 유흥비 지출과 같은 일회성 소비를 자제하고 미래의 삶의 질을 높이는 데 보탬이 되는 소비를 하도록 노력해야 함.

3. 합리적 소비의 중요성

- 외국 상류사회의 소비성향을 무조건 따라하려는 '밴드왜건 효과'로 인해 이른바 '명품'이라고 불리는 제품을 찾아다니는 소비자가 빠르게 증가하고 있는 우리 사회의 모습을 볼 수 있음.
  - 사실 '명품'을 만드는 국가에서도 우리나라처럼 이런 제품에 대해 대중적인 열풍이 부는 일은 없다고 함.
- 이런 소비행태가 사회에 널리 퍼지게 될 경우 자신의 소득에 비해 넘치는 소비를 하게 되어 신용불량 발생 등의 경제적 문제와 함께 소득 및 소비의 양극화로 인해 사회갈등의 문제까지 발생할 가능성도 있음.
- 화려하고 고급스러운 소비보다는 적절하고 합리적인 소비가 더 아름다운 모습으로 비치는 사회일수록 그 사회는 건강하게 오래 유지될 수 있음.

4. 비합리적이고 바람직하지 않은 소비행태[62)]

4.1 밴드왜건 효과

62) 일반적인 시각에서 바라본 비합리적인 소비행태는 다음과 같음. ▲ 과소비 : 자신의 현재 및 미래 소득수준이나 한정된 예산을 감안할 때 향후 경제생활에 큰 부담을 초래하는 소비로서 ㉠ 소비액수보다는 소득 대비 소비지출 비율로 평가 ㉡ 자신의 소득수준이나 예산규모를 초과하는 과도한 소비 ㉢ 절약정신의 퇴조, 과시욕구, 마케팅 전략에 기인 ▲ 과시소비(conspicuous consumption) : 효용을 얻기 위한 목적보다는 금전력이나 지위를 남에게 과시할 목적으로 하는 소비로서 ㉠ 효용을 얻기보다는 자신의 지위 과시를 목적으로 하는 소비 ㉡ 개인의 심리적 동기, 타인의 영향, 사회적·문화적 관습에 기인 ▲ 모방소비 : 꼭 필요하지 않으나 소비자들의 상위지향적 욕망 때문에 무리를 해서라도 주위사람 또는 상위계층을 따라 하는 소비 ▲ 충동소비(impulsive consumption) : 사전 구매계획 없이 구매현장에서 다양한 형태의 구매자극을 받아 충동적으로 하는 소비로서 ㉠ 계획 없이 순간적인 감정에 이끌리는 소비 ㉡ 광고, 유행, 마케팅 전략 등이나 신용카드의 편리함에 기인 ▲ 중독소비(addictive consumption) : 구매에 집착해 지불능력을 초과하게 되는 소비로서 지나친 구매 욕구를 억제하지 못하는 것에 기인 ⇒ 이와 관련하여 허경옥(2014.05) 참조.

- 밴드왜건(bandwagon)이란 미국의 서부개척시대에 흔히 쓰이던 운송수단인 포장마차를 말함.
  - 서부영화를 보면 포장마차는 주로 무리를 이루어 여러 명이 같이 이동을 함.
  - 그 당시에는 금광이나 신천지가 있다는 말만 믿고 무작정 다른 사람들을 따라가는 경우가 많았다고 함.
- 이 단어는 미국의 경제학자인 하비 라이벤스타인(Harvey Leibenstein)이 자신이 발표한 자료(Bandwagon, Snob, and Veblen Effects in the Theory of Consumers' Demand, 1950년)에서 처음 사용한 데서 유래
- 밴드왜건의 무리들이 다른 사람들을 따라 이리 저리 이동하는 것처럼 자신의 주관이나 기호보다는 같은 또래의 친구들이나 모임 등에서 구매하는 것을 따라하거나, 새로운 스타일이나 패션을 따라가기 위해 구매하거나, 유명 스타가 나오는 광고를 보고 구매하는 행위 등을 지칭하여 밴드왜건 현상에 의한 것이라고 함.
- 이러한 밴드왜건 효과는 '편승효과'라고도 하는데 일종의 모방 심리와도 일맥상통하며 우리의 속담 중 친구 따라 강남 가는 식의 소비성향과 유사하다고 할 수 있음.
- 유행에 민감한 젊은 여성들이나 연예인 등을 동경하는 10대 소비자들은 본인도 모르게 이러한 소비행태를 보일 가능성이 높다고 할 수 있음.

4.2 스노브 효과

- 스노브 효과(snob effect)는 앞서 언급한 밴드왜건 효과와 정반대의 경우를 말함.
- 스노브(snob)는 아랫사람을 무시하고 윗사람에게 아부하는 속물을 뜻하지만, 스노브 효과라고 할 때는 '다른 사람들이 구입하는 물건은 구입하지 않고 남들과 구별될 수 있는 특이하거나 특별한 물건을 구매하고자 하는 행위'를 말함.
  - 즉 다른 사람과 구별되려고 특별한 의상을 입는다든지, 진귀한 예술품이나 희귀한 스포츠카를 소유하고자 하는 행위를 지칭
- 다른 말로는 백로효과(白鷺效果) 또는 속물효과라고도 하는데 혼자서 고고하고 우아한 척하는 백로와 비슷하다는 의미와 속물근성에서 비롯된 것이라는 의미에서 붙여진 말임.
- 스노브 효과 역시 하비 라이벤스타인(Harvey Leibenstein)이 위에 언급한 자료를 작성하면서 처음 사용한 용어로, 그는 이러한 행위를 하는 소비자는 제품을 구매할 때 남과 다른 자신만의 개성을 추구하는 방식으로 의사결정을 내리기 때문에 다른 사람들이 많이 사용할수록 구매의사가 줄어드는 현상이 있다고 하였음.

- 스노브 효과와 같은 소비행태를 갖고 있는 사람의 경우 사치스러운 소비를 하는 것으로 보이기도 하지만, 다른 한편으로는 자신만의 개성이나 새로움에 대한 추구 등으로 인생을 보다 아름답고 풍요롭게 살아가려고 노력하는 사람들일 수도 있음.

4.3 베블런 효과

- 베블런 효과(Veblen effect)는 미국의 사회학자이자 사회평론가인 베블런(Thorstein Bunde Veblen)이 1899년 출간한 저서 《유한계급론(有閑階級論)》에서 처음 사용한 개념
  - 그는 이 책을 통해 물질만능주의를 비판하면서 상류층 사람들은 자신의 성공을 과시하고 허영심을 만족시키기 위해 사치를 일삼는다고 꼬집었음.
- 우리가 베블런 효과라고 할 때는 가격이 오르는데도 수요가 줄어들지 않고 오히려 증가하는 현상을 말함.
  - 이는 주로 상류층 소비자들에 의해 이루어지는 소비 행태로 값비싼 귀금속류나 고급자동차, 고가의 주택 등은 경제상황이 악화되어도 수요가 줄어들지 않는 실례에서 찾아볼 수 있음.
  - 이러한 소비가 발생하는 이유는 필요에 의해서 구입하는 사람도 일부 있지만, 단지 자신의 부를 과시하거나 허영심을 채우기 위해 구입하는 사람들이 많기 때문
  - 이처럼 과시욕이나 허영심을 채우기 위해 고가의 물품을 구입하는 사람들의 경우 상품의 값이 떨어지면 구매를 꺼리는 경향이 있음.
- 이는 '과시효과'라고도 할 수 있는데 스노브 효과가 다른 사람들의 구매 여부에 따라 나의 구매행위가 영향을 받는 것인데 비해 베블런효과는 상품의 가격에 의해 영향을 받는 점이 다르다고 할 수 있음.

4.4 디드로 효과

- 디드로 효과(Diderot effect)는 하나의 상품을 구입함으로써 연속적으로 연관된 제품을 구입하게 되는 현상을 말함.
  - 누구나 한번쯤은 가족들과의 백화점 주말나들이에서 충동구매를 해 본 적이 있을 것임.
  - 겨울에 입을 외투를 하나 사러 갔다가 외투와 함께 어울릴 만한 바지를 구입하고, 이어서 안에 받쳐 입을 스웨터에 구두까지 구입하게 됨.
- 디드로 효과는 18세기 프랑스 철학자 디드로(Diderot)가 쓴 '나의 옛 실내복과 헤어진 것에 대한 유감'이란 수필집에서 유래된 것으로 어느 날 친구에게서 서재용 가운을 선

물 받은 디드로가 집안 주변의 것들이 새 가운과 어울리지 않는다는 생각에 책상과 책장, 커튼 등을 차례로 바꾸다가 결국은 온 방 전체를 바꾸게 되었다는 것임.

- 디드로 효과가 나타나는 이유
  - 먼저 상품 사이에 정서적·심미적 동질성이 존재하기 때문인데, 와이셔츠를 구입할 때 보통 어울리는 넥타이도 함께 구입하여 그 와이셔츠를 입을 땐 대부분 그 넥타이를 매려고 함.
  - 다음으로 외부로부터 관찰 가능성이 높은 품목일수록 디드로 효과는 크게 나타나는 바, 구체적으로 옷이나 잡화에서 디드로 효과가 많이 나타나게 되는데 몇 년에 한 번 멋진 양복을 한 벌 구입했는데 색 바랜 낡은 구두를 바꾸지 않을 수 있을까? ⇒ 당장 "옷은 멋진데 구두는 왜 그래?"라는 주위의 반응을 겪게 될 것임.
  - 끝으로 그 제품이 소비자가 중시하는 가치를 반영할수록 디드로 효과는 강하게 나타나는데, 집안의 인테리어를 중시하는 가정주부의 경우 거실 소파를 바꾸면 거실 커튼이며, 장식장도 바꾸게 될 것임. ⇒ 즉 소비자가 좋아하고 관심을 가진 제품에서 이러한 효과는 강하게 나타나게 되는 것임.
- 디드로는 물건을 교체함으로써 집안은 화려해졌지만 자신은 오히려 우울해졌다고 함.

참고자료

(1) 김영진(2007), "합리적인 소비란 무엇인가", 한국은행 경제교육(시사경제), 한국은행 경남본부, 2007. 07. 09.
(2) 윤태길(2007), "합리적인 소비", 한국은행 경제교육(시사경제), 한국은행 부산본부, 2007. 01. 12.
(3) 이재모(2008), "우리들은 얼마나 합리적으로 소비를 하고 있을까요?", 한국은행 경제교육(풀어 쓴 생활경제), 한국은행 부산본부, 2008. 12. 08.
(4) 김영진(2008), "디드로 효과(Diderot effect)", 한국은행 경제교육(시사경제), 한국은행 대구경북본부, 2008. 01. 02.
(5) 한국은행(2013), 《일반인을 위한 한국은행의 알기 쉬운 경제이야기》, 2013. 03.
(6) 허경옥(2014), "비합리적 소비의 모든 것", 《"click" 경제교육》, KDI경제정보센터, 2014. 05.

CHAPTER 07

투 자 이 론

1. 투자란
2. 투자의 결정요인
3. 투자곡선과 투자곡선의 이동
4. 소득증가와 투자 : 가속도원리

부록 [7-1] 정부의 중소기업 투자 활성화 방안

국내외 경제환경과 정부정책들을 종합해서 기업은 투자를 결정한다. 기업의 투자결정은 미래의 기업운명을 결정하므로 실로 비장하다. 정부가 할 수 있는 일은 기업투자에 유리한 정책을 최대한 펴는 것이다. 그러나 이는 필요조건이지 충분조건은 되지 않는다. 정부는 기업활동에 장애가 되는 규제를 없애는 역할만 하면 된다. 이미 박근혜 대통령은 마라톤 회의를 이끌면서 그 의지를 보였다. 경제 살리기는 기업 살리기와 같다. 정부는 기업의 재무구조와 투자행태에 대해 일일이 개입하기보다는 경제적 자유를 높이면 된다.

– 현진권 자유경제원장–

출처 : 현진권(2014), " '경제 살리기' 는 '기업 살리기' 다", 《미디어펜》, 2014.08.02.

투자가 총수요에서 차지하는 절대적 비중은 소비가 차지하는 비중에 비해 상당히 작지만, 소비가 비교적 안정적임에 반해 투자는 경기상황에 따라 크게 변동한다는 점에서 오히려 경기변동 측면에서는 투자가 소비보다 영향력이 더 크다고 할 수 있어 경제안정을 위해서는 투자수요의 조절이 매우 중요함.

1 투자란

1.1 정 의

- 경제학에서 투자(investment)라고 할 때는 '일정기간 동안 그 나라의 국내총생산(GDP) 중 기업이 구입한 자본재의 총가치'를 의미하는 것으로 소비와 마찬가지로 유량(flow) 개념임.

- 소비수요와 소비지출은 혼용할 수 있으나 투자수요와 투자지출은 혼용할 수 없음.
  ⇒ 투자수요(investment demand)란 사전적으로 계획된 투자 혹은 의도된 투자이고, 투자지출(investment expenditure) 혹은 투자란 사후적으로 실현된 투자를 말함.
  - 투자와 투자수요를 같이 취급할 수 없는 이유는 재고증감이 투자의 한 항목으로 들어가기 때문임.[63]

1.2 투자의 구분

- 투자는 총고정자본형성을 이루는 고정투자와 재고증감에 의한 재고투자로 구분
  - 고정투자는 건설투자와 설비투자 및 무형고정자산투자로 나누어짐.
  - 재고증감은 다음 기를 대비해 미리 준비해 둔 것으로 볼 수 있으므로 투자로 분류함.

---

63) 투자=총고정자본형성+실현된 재고증가, 투자수요=계획된 총고정자본형성+계획된 재고증가임. 기업은 통상 총고정자본형성을 계획한 대로 추진할 수 있어서 총고정자본형성=계획된 총고정자본형성으로 볼 수 있음. 그러나 재고증가의 경우는 계획한 대로 실현된다는 보장이 없기 때문에 실현된 재고증가=계획된 재고증가로 볼 수 없음. 재고증가의 실현은 소비자들이 기업제품을 얼마나 사주느냐에 달려 있기 때문임.

- 지리적으로 투자는 국내투자와 해외투자로, 투자주체에 따라서는 기업과 가계가 주체가 되는 민간투자와 정부가 주체가 되는 정부투자로 나눌 수도 있음.
  - 민간투자 중 중요한 것은 연구개발(R&D) 투자와 설비투자라고 할 수 있는데, 연구개발 투자는 주로 다른 기업과의 경쟁에서 이기기 위해 신제품이나 신기술을 개발하는 활동으로서 결과물이 나오는 데는 보통 오랜 시간이 걸리는 특성이 있으며, 설비투자는 기존의 생산능력을 늘리기 위해 공장을 증축하거나 기계 설비를 구입하는 것을 말함.
  - 정부투자의 경우에는 대개 투자에서 떼어내 정부지출에 포함시키고 있는 경우가 많아 흔히 투자라고 말할 때는 민간투자만을 의미하는 것이 일반적임.

- 투자를 발생요인에 따라 분류하면 소득증가로 소비수요가 늘어남에 따라 발생하는 투자는 유발투자라 하고, 정부의 공공투자나 기술혁신에 따른 새로운 설비를 위한 독자적 투자는 독립투자라고 함.

- 투자가 자본량에 미치는 효과를 중심으로 분석할 경우 고정투자는 대체투자와 순투자(신규투자라고도 함)로 나눌 수 있음.
  - 대체투자란 기업의 생산과정에서 사용되어 없어진 자본재를 보충하는 것으로 고정자본소모[64]에 해당하는 부분을 보충하는 투자를 말함.
  - 순투자는 전기 자본량을 초과하는 자본량으로 생산규모를 확장하는 투자를 말함.

1.3 | 투자와 자본량

- 유량으로서의 투자는 총수요의 중요한 구성요소이면서 동시에 한 나라의 저량(stock)으로서의 자본량[65]을 변화시킴.
  - 즉 금기 투자는 차기 자본량이 됨.
  - 순투자가 이루어졌을 때 비로소 전체 자본량이 증가한 것이며 국민경제의 생산규모가 확대된 것임.

---

64) 공장이나 기계설비와 같은 고정자산은 일정기간이 경과하면 수명이 다하여 사용하지 못하게 됨. 그러나 고정자산의 가치는 수명이 다한 시점에서 한꺼번에 소멸되는 것이 아니라 사용되는 전 기간에 걸쳐서 평균적으로 감가하게 되는데, 이를 고정자본소모(감가상각)라고 함. 예를 들어 1억 원의 가치가 있는 기계의 수명이 10년이라고 하면 매년 1,000만 원씩 소모됨.

65) 일정시점에서의 한 나라 경제가 보유하고 있는 자본재 총량을 말함. 투자가 유량 개념이라면 자본량은 저량 개념임.

- 총수요의 구성요소로서 투자를 말할 때는 투자의 경기조절기능을 중시하는 것이며, 자본량의 결정요인으로서 투자를 논하는 것은 투자가 경제성장에 미치는 영향을 중시하는 것임.

2 투자의 결정요인

2.1 | 투자와 불확실성

- 투자란 불확실한 미래에 승부를 거는 일과 같기 때문에 기업이 투자를 결정하기까지는 기획, 자금, 법률담당 팀의 치밀한 사전조사 후 성공할 확률이 실패할 확률보다 높다고 판단될 때 투자를 하지만 현실은 예상대로 움직여 주지 않음.
  - 시장상황을 잘못 예측함으로써 과잉투자로 인한 실패 가능성은 항상 존재함.

- 투자시점과 투자완료 시점 간의 시차(time lag) 때문에 특히 투자의 불확실성이 높아짐.

2.2 | 개별기업의 투자결정 : 투자의 한계효율

- 기업이 생산규모를 확장하려는 투자계획을 수립한다고 할 때 투자 여부를 판정하는 기준은 간단히 말해 들어간 투자비용보다 투자로 인한 수익이 많다면 투자를 하고, 그 반대라면 투자를 포기하는 것임.
  - 여기서 투자비용은 투자시점에서 이미 알려지는 반면에, 투자수익은 일정시간이 흐른 뒤에 발생하기 시작해 투자재의 내구연한 동안 지속된다는 점에서 투자재의 내구연한에 걸친 기업가의 예상에 의존할 수밖에 없음.

- 매해의 예상수익을 현재가치로 환산하기 위해서는 할인율(discount rate)이 필요한데, 케인즈는 매해 예상수익의 현재가치의 합이 투자비용과 동일하게 되도록 하는 할인율을 투자의 한계효율(marginal efficiency of investment)이라고 불렀음.
  - 다시 말해 투자의 한계효율이란 기업이 한 단위의 투자를 증가시켰을 때 추가되

는 효율을 의미하는 것인데, 이런 의미에서 개별기업이 예상하는 투자의 한계효율을 투자의 예상수익률이라고도 부름.

- 투자 여부를 판정함에 있어 중요한 요인은 기업이 예상하는 투자의 한계효율, 즉 예상수익률과 시장의 금리수준임.
  - 예상수익률이 높을수록, 그리고 금리가 낮을수록 투자결정이 이루어질 가능성이 높음.
  - 금리는 개별기업의 의사와는 상관없이 시장에서 결정되는 것인 반면, 예상수익률은 기업의 자체판단에 의존하기 때문에 주어진 금리수준에서 투자결정 여부는 기업의 예상수익률이 어떤 수준에 있는가에 따라 달라지는바, 미래 경제상황을 낙관적으로 보는 기업의 경우 예상수익률을 높게 잡을 것이므로 투자 가능성도 그만큼 높을 것임.
  - 한편 신축 주택시장의 경우 금리가 낮을수록 주택금융대출이 증가하고 주택구입이 활발해질 것이므로 건설투자는 증가함.

3 투자곡선과 투자곡선의 이동

3.1 개별기업의 투자곡선

- 개별기업의 투자는 금리가 높을수록 감소하고 금리가 하락할수록 증가하므로 개별기업의 투자곡선은 금리에 대해 우하향하는 형태를 취함.

- 국민경제 전체의 투자곡선은 개별기업의 투자곡선을 수평으로 합하여 얻어지는데, 개별기업의 투자곡선이 우하향하므로 국민경제의 투자곡선 역시 금리에 대해 우하향하는 형태가 됨.

3.2 투자곡선의 이동

- 주어진 금리수준 하에서 기업의 예상수익률이 상승하거나 소득증가, 소비수요증가,

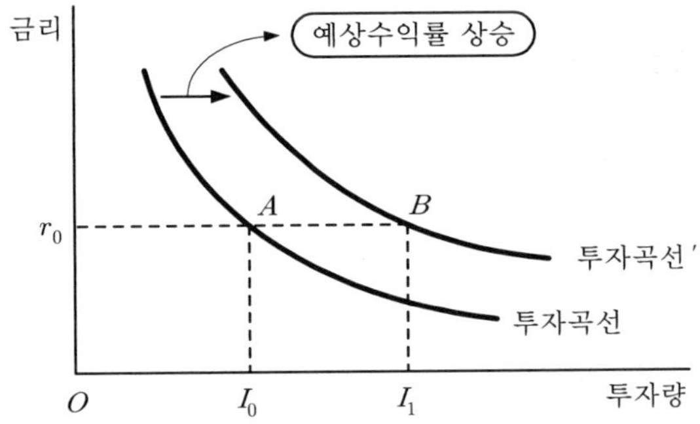

[그림 7-1] 투자곡선의 이동[66)]

공공투자증가, 기술혁신에 따른 독립투자 증가가 발생할 경우 투자는 증가할 것이므로 투자곡선은 우측으로 이동함.

4 소득증가와 투자 : 가속도원리

4.1 독립투자와 유발투자

- 앞서 언급한 바와 같이 투자는 정부나 기업의 독자적 판단에 의해 발생하는 독립투자와 소득증가로 인해 발생하는 유발투자가 있음.
  - 독립투자는 말 그대로 소득과 관계없이 독자적으로 이루어지는 투자를 말함.
  - 이에 반해 소득이 증가하면 그에 따라 소비지출이 증가하고, 소비지출의 증가는 재고를 감소시키므로 산출량 증가와 이를 위한 설비투자를 자극하게 되는데, 이와 같이 소득증가로 인해 발생하는 투자를 유발투자(induced investment)라고 함.

  ⇒ ㉠ 유발투자는 다시 소득을 증가시키고 소득증가는 소비를 증가시킴.

  ㉡ 소비증가는 다시 재고감소를 불러와 투자를 촉진시키는 순환이 되풀이됨.

---

66) 주어진 금리수준에서 기업가의 예상수익률이 상승한다면 기업은 신규투자를 증가시킴.

4.2 가속도원리

- 케인즈학파는 일찍이 최초 1단위의 소득증가는 그보다 몇 배의 유발투자를 일으킨다고 주장하였는데, 이를 가속도원리(acceleration principle)라고 함.
  - 소득과 투자 간의 가속도원리에 대한 비판도 있음.
  - 즉 기업이 지난 기에 판매하지 못한 재고(재고투자)가 많을 경우, 금기의 소득과 소비지출의 증가가 유발투자로 이어지는 데 한계가 있다는 지적임. ⇒ 왜냐하면, 소비가 증가할 때 기업은 과잉 재고를 먼저 처분하고자 할 것이므로 투자증가로 이어지지 못할 것이기 때문임.

참고자료

(1) 안홍식(2012), 《경제학원론》, 삼영사.
(2) 김대식 외(2012), 《현대 경제학원론》, 박영사.

부록 [7-1] 정부의 중소기업 투자 활성화 방안

1. 규제 완화와 과감한 인센티브

- 정부가 기업의 투자 활성화를 위해 강력한 규제 완화와 인센티브 정책을 펼 것임을 예고했음. ⇒ 또 중견·중소 기업의 성장을 위해 지원자금 규모를 늘리고 산업단지 환경 개선, 환위험 완화 등의 정책을 집중 추진할 계획
  - 2014년 7월 20일 최경환 경제부총리 겸 기획재정부장관은 "우리 경제의 버팀목이자 미래인 중소·중견 기업의 투자를 촉진하기 위해 규제를 없애고 도전적인 기업에 과감한 인센티브를 부여하겠다"고 밝혔음. ⇒ 기업 투자를 통해 침체된 경제를 되살리겠다는 뜻으로 풀이됨.
  - 이를 위해 정부는 현재 진행하고 있는 중소기업 성장사다리를 더욱 촘촘하게 만들고[67] 세제지원, 노후 산업단지의 근무여건 개선, 수출 중소·중견기업의 수출 경쟁력을 높일 수 있는 정책을 지속적으로 추진할 예정임.

2. 구체적 방안

- 중소기업의 투자 촉진을 위한 세제 지원 방안 검토
  - 정부는 중소기업의 설비투자에 가속상각제도[68]를 도입 ⇒ ㉠ 중소기업의 설비투자에 대한 감가상각 내용연수를 단축해 세금 부담을 완화하는 가속상각제도를 다시 도입하기로 했음. ㉡ 중소기업의 투자 촉진을 위해 설비투자 가속상각제도를 도입하는 것인데, 이는 기존에 6년 걸리는 상각기간을 4년으로 줄여 설비투자에 대한 세제 혜택을 더 빨리 주겠다는 의미임. ㉢ 설비투자 가속상각제도는 2013년 9월부터 2014년 3월까지 중소기업의 설비투자에 대해 시행됐던 제도로서 감가상각비를 계산할 때 적용하는 기준내용연수 범위를 자산별 내용연수의 ±25%에서 ±50%로 확대하는 방식임.

---

67) 우수한 기술과 아이디어만 있으면 회사를 창업해 중견기업, 더 나아가 대기업까지 키워나갈 수 있도록 하고, 혹시 실패하더라도 다시 일어설 수 있도록 재도전 환경을 조성하겠다는 의미임.

68) 가속상각(加速償却, accelerated depreciation) : 고정자산은 대체로 초기에는 능률이 높으나 사용기간이 지날수록 점차 생산성이 떨어짐. 즉 고정자산의 수익 창출 능력은 처음에는 크지만 시간이 지날수록 크게 떨어진다는 가정에서 출발해, 내용연수(耐用年數)의 초기에 상대적으로 많은 금액을 상각하여 차등적으로 감가상각을 하는 것이 가속상각임. 미국을 비롯하여 많은 국가가 전쟁 중 기업의 전쟁협력을 쉽게 하기 위해, 예를 들면 10년간 사용 가능한 재화라 하더라도 3~5년으로 상각케 하는 방도를 취하였음. 전후에는 기술혁신투자를 장려하는 뜻에서 일본에서도 조세특별조치법에 의하여 특별상각이라 칭하여, 이 방법을 택하였음. 이러한 것을 총칭하여 가속상각이라 하는데, 그 효과는 자본계수를 높이고 투자의 유효수요효과를 크게 하는 데 있음.

㉣ 가속상각제도가 재도입되면 중소기업들은 설비투자 자산에 대한 감가상각비용 처리를 앞당겨 당장의 세금 부담을 줄일 수 있음. ㉤ 적용대상은 중소기업이 2014년 10월부터 2015년 12월 구입한 자산임. ㉥ 정부는 가속상각제도 재도입을 위해 2014년 하반기 법인세법 시행령을 개정할 예정임. ㉦ 기업의 투자 확대를 통한 경제 활력을 제고할 긴요한 시점이지만, 최근 중소기업의 설비투자가 대기업보다도 훨씬 더 크게 줄고 있어서 한시적으로 가속상각제도를 도입하기로 했음.

• 공정자동화 설비 수입에 대한 관세감면도 추진 ⇒ ㉠ 정부는 2014년 10월부터 2015년 12월까지 중소제조업체가 수입하는 공장자동화 기계와 기구, 설비 가운데 국내 제작이 불가능한 물품의 관세 경감률을 현행 30%에서 50%로 확대하기로 했음. ㉡ 관련 지도가 지속될 수 있도록 2014년 하반기 관세법 시행규칙 개정을 추진

– 한편 중소기업 상장 때 근로자들이 받은 우리사주의 주가가 보호예수기간[69]에 하락해 재산상 손실을 입지 않도록 보험을 도입해 보호예수기간 끝나는 기간에 손실의 일정 부분을 보상해 주는 방안을 추진하기로 했음.

• 손실 보전을 위해 사내근로복지기금을 활용할 수 있도록 관련 법 개정을 추진

– 청년층의 산업단지 취업을 촉진하기 위해 25곳의 노후 산업단지 내의 주거·보육·교통·안전·복지·문화시설을 2017년까지 확충할 수 있는 방안도 마련할 계획

• 노후 산업단지에 젊은 세대들이 근무할 수 있도록 산업단지 내 주거·보육·교통·안전·복지·문화시설 확충을 관계부처 합동으로 지원

• 2017년까지 최대 25개 노후 산업단지를 리모델링할 계획 ⇒ ㉠ 산업단지에 부족한 주거·복지·문화 시설 관련 규제를 없애고, 공동 주거·보육시설 설치도 허용하기로 했음. ㉡ 2015년부터는 주차난이 심각한 산업단지에 공영주차장 건립비용을 지원하는 방안도 검토

– 정책금융공사의 수출기업 온렌딩[70] 자금규모를 2013년 3천억 원에서 2014년 3천500억

69) 보호예수(保護預受, safe deposit of securities certificates) : 금융기관 등이 고객으로부터 유가증권을 비롯한 문서, 귀금속 등의 예수를 의뢰받아 보관하는 업무를 말함. 투자자는 화재, 도난 등 불의의 재난을 피하기 위해서 또는 유가증권 매매 시에 증권을 증권회사에까지 지참하여야 하는 불편을 덜기 위하여 금융기관 등에 예수를 의뢰하게 됨. 우리나라에서의 보호예수제도는 유가증권에 있어서 특히 발달되어 있는데, 유가증권 대체결제업무규정에서 정한 구좌 설정자가 보호예수를 신청하면 보호예수 신청일로부터 6개월간에 걸쳐 보호예수해 주며 기간 만료 시 연장신청이 없거나 반환신청이 없으면 6월 단위로 그 기간이 자동 연장된 것으로 보고 있음.

70) 온렌딩(on-lending) : 정부가 직접 정책금융을 수행하는 것이 아니라, 민간은행 등에 위탁해 간접 지원하는 방식을 말함. 다시 말해 한국정책금융공사가 민간은행에 중소기업 대출 자금을 빌려주면 민간은행이 여신심사를 통해 지원대상 기업을 골라 대출해 주는 중소기업 간접대출 지원 제도임. 공사는 2009년 10월 말 설립 이후 기업은행과 산업은행, 6개 지방은행(경남은행, 광주은행, 대구은행, 부산은행, 전북은행, 제주은행)과 함께 온렌딩 대출을 운용하고 있음.

원으로, 환율변동에 의해 기업활동이 위축되지 않도록 기업별 환변동보험 인수규모도 2013년 1조7000억 원에서 2014년 2조5000억 원까지 증액

- 원화 강세에 따른 수출 중소기업의 어려움이 커진 데 대해선 단기적으로 환율변동에 특히 취약한 업종을 중심으로 정책자금과 환변동보험 등 무역금융을 활용해 지원 ⇒ 그러나 근본적으로는 중소기업 스스로 환위험 관리의 중요성과 필요성을 인식하고 적극적으로 대응해야 함을 강조
- 중소·중견 기업의 무역금융 지원금액도 2013년 73조8000억 원에서 2014년 77조4000억 원으로 늘릴 계획

- 최경환 경제부총리는 앞서 언급한 바와 같이 "우리 경제 수준을 한 단계 높일 수 있는 해법은 중소·중견 기업이 가지고 있다"며 "우수한 기술과 아이디어만 있으면 회사를 창업해 중견기업, 더 나아가 대기업으로 키워나갈 수 있도록 하겠다"고 강조했음.
  - 그는 "특히 중소기업은 '9988', 즉 기업의 99%·일자리의 88%를 차지하고 있는 우리 경제의 버팀목이자 미래이고 희망"이라면서 "경제를 업그레이드할 수 있는 마스터키는 중소·중견 기업에 있다"고 말했음.

- 이어 그는 "기업을 운영하는 과정에서 실패를 하더라도 다시 일어설 수 있는 환경을 조성해 기업가 환경을 되살리겠다"고 부연했음.

참고자료

(1) 2014. 07. 21., 《디지털타임스》
(2) 2014. 07. 20., 《연합뉴스》
(3) 2014. 07. 20., 《뉴시스》

CHAPTER **08**

기업의 생산활동

기업은 자연자원을 포함한 토지 · 노동 · 자본을 이용해 생활에 필요한 재화와 서비스를 만드는 생산활동의 주체입니다. 그래서 토지 · 노동 · 자본을 '생산의 세 요소' 라고 하죠. 자본주의가 발전하기 이전에는 토지와 노동이, 자본주의 발달 뒤에는 자본이 중요해졌습니다. 생산은 단순히 재화를 만드는 활동만을 뜻하지 않죠. 공장에서 물건을 만드는 것뿐만 아니라 쌀이나 채소 재배, 교사의 교육, 의사의 치료, 백화점 유통 서비스처럼 생활에 유용한 재화나 서비스를 만드는 모든 경제활동을 생산이라고 합니다. 생산활동에는 재화나 서비스를 보관 · 저장 · 운반 · 판매하는 간접적 활동까지 포함됩니다. 자급자족 사회에서는 가계가 생산활동까지 맡았지만 산업사회 이후에는 기업이 주로 생산활동을 맡게 됐습니다. 기업은 가계나 다른 기업, 정부가 필요로 하는 상품을 생산 · 공급하는 과정에서 이윤 추구를 주요 목적으로 삼습니다. 이윤이란 상품의 총 판매액에서 생산비용을 뺀 것이죠. 최대이윤을 얻기 위해선 최소비용으로 소비자가 최대로 만족하는 상품을 만들어 최고가격을 받는 것입니다. 기업마다 치열한 경쟁시장에서 이윤을 얻기 위해 경쟁력을 높이려고 힘씁니다. 신기술 개발과 경영 합리화로 제품의 경쟁력 향상을 위해 노력하죠. 생산성이 높아지면 국제 경쟁력을 강화시켜 수출도 늘고 국가경제는 더 튼튼해집니다. 기업의 생산활동 분야와 크기는 국민경제 구조와 크기를 결정한 뿐 아니라 가계소득을 결정합니다. 기업이 역할과 기능을 효과적으로 하느냐 못하느냐 하는 데 따라 나라의 경제 성장과 풍요가 결정됩니다. 효율적인 기업경영 원칙은 생산성과 경제성, 수익성을 높이는 것이죠. 기업은 사적인 이익만을 좇는 집단이 아니라 공공성과 사회성을 추구하는 사회 일원이어야 합니다. 요즘 기업의 사회적 책임과 윤리의 중요성이 강조되는 것도 이 때문이죠. 기업의 사회적 책임은 기업이 가진 자원을 활용해 사회를 더욱 풍요롭고 활기차게 만드는 것입니다. (중략) 오늘날에는 시장과 소비자 역할 변화, 생산 자원의 국가 간 이동 확대, 경쟁 심화와 개방화로 효율적인 경영이 중요합니다. 이윤을 많이 얻기 위해선 미래의 변화를 예측해 기업의 방향을 결정하고 변화를 시도하는 기업가의 역할이 주목받고 있죠. 미국의 경제학자 슘페터는 기업가의 혁신적인 활동이 경제성장의 원동력이라고 보고, 이런 정신을 기업가 정신이라고 불렀습니다. 기업이 생존하고 성장하려면 창의성은 필수적이죠. 창의성 있는 신상품은 생산량 증가로 기업에 더 큰 이익을 가져다줄 뿐만 아니라 경제성장의 원동력이 되죠. 한 걸음 더 나아가 창의성은 기업의 경쟁력뿐만 아니라 국가의 경쟁력을 좌우하는 요소가 됩니다.

– 성백형 기자 –

출처 : 기획재정부 공식 블로그–몬이의 블루마블(bluemarbles.tistory.com/2021), "기업의 사회적 책임과 경제적 책임은 뭘까요?", 《아하! 경제》, 2013. 03. 26.

1 생산과 기업

1.1 생 산

① 넓은 의미

- 인간의 효용을 증가시키는 일체의 행위, 다시 말해 희소한 자원을 사용하여 재화와 서비스를 만들어 제공하는 행위
  - 변형, 가공 등의 제조활동뿐만 아니라 운반, 저장, 포장, 의사의 진료, 가수의 노래 등도 인간의 효용을 증가시키므로 생산에 포함됨.

② 좁은 의미

- 자원의 변형, 가공 등의 제조활동
  - 보통 경제학에서 다루는 의미

1.2 기 업

- 생산의 주체로서 희소한 자원을 결합하여 소비자가 필요로 하는 재화와 서비스를 생산하기 위한 인적 조직
- 기업의 의사결정 가운데 경제학에서는 기본적으로 기업의 생산과 가격결정에 초점을 맞춤.
  - 기업은 생산결정에서 두 가지의 기본적인 사항을 고려하는데, 하나는 생산요소의 가격 또는 각 생산요소들의 생산성이고, 다른 하나는 상품의 가격임.

2 생산함수

2.1 생산함수

- 일정기간 동안 생산에 필요한 생산요소의 투입량과 이를 투입하여 얻을 수 있는 최대의 산출량 사이의 기술적 관계를 나타내는 수식 ⇒ 유량 개념
- $Q = f(L, K)$
  - 주어진 기술로 일정기간 동안 투입된 노동량(L)과 자본량(K)으로부터 생산할 수 있는 최대의 산출량(Q)을 나타냄.
- 단기와 장기[71]
  - 생산에 있어 단기와 장기의 구분은 고정생산요소의 유무로 함.
  - 단기 : 생산량 수준에 관계없이 기존의 공장이나 기계 등의 자본을 이용하여 생산할 경우, 이를 일반화시키면 적어도 하나 이상의 생산요소가 고정생산요소인 경우
  - 장기 : 생산량 증가에 따라 자본량이 변하여 가변생산요소가 되는 경우, 이를 일반화시키면 모든 생산요소가 가변생산요소가 되는 경우

2.2 단기생산함수

① 총생산물

- 투입된 노동량으로부터 얻을 수 있는 최대의 산출량
- 이들 둘 사이의 관계를 그림으로 나타낸 것이 총생산(물)곡선임.

71) 생산요소 : 생산과정에 투입되는 요소, 가변생산요소 : 생산량 수준에 따라 투입량이 달라지는 생산요소, 고정생산요소 : 공장이나 기계와 같이 일단 규모가 정해지면 생산량의 증감에 따라 쉽게 규모를 변경할 수 없는 생산요소

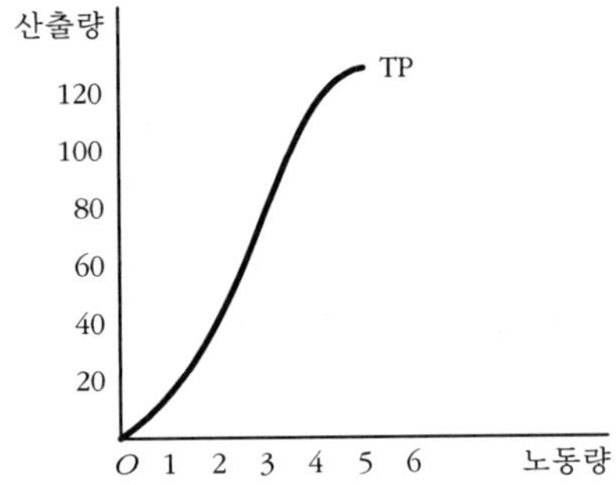

[그림 8-1] 총생산곡선

- 노동의 한계생산물과 평균생산물
  - 노동의 한계생산물(MP_L) : 노동을 한 단위 더 투입하여 추가로 얻는 산출량 ($\Delta Q/\Delta L$)
  - 수확체감의 법칙 : 노동 투입을 한 단위씩 늘려감에 따라 노동의 한계생산물이 처음에는 증가하다가 감소하는 현상
  - 노동의 평균생산물(AP_L) : 투입된 노동의 단위당 생산물로서 보통 노동생산성 (Q/L)이라고 하는데, 노동의 평균생산물도 처음에는 증가하다가 감소함.
- 한계생산물과 평균생산물의 관계
  - $MP_L > AP_L \Rightarrow AP_L \uparrow$
  - $MP_L = AP_L \Rightarrow AP_L$ 극대
  - $MP_L < AP_L \Rightarrow AP_L \downarrow$
- 총생산물곡선으로부터 MP_L곡선과 AP_L곡선이 도출되는데, 이 둘의 관계를 그림으로 나타내면 [그림 8-2]와 같음.

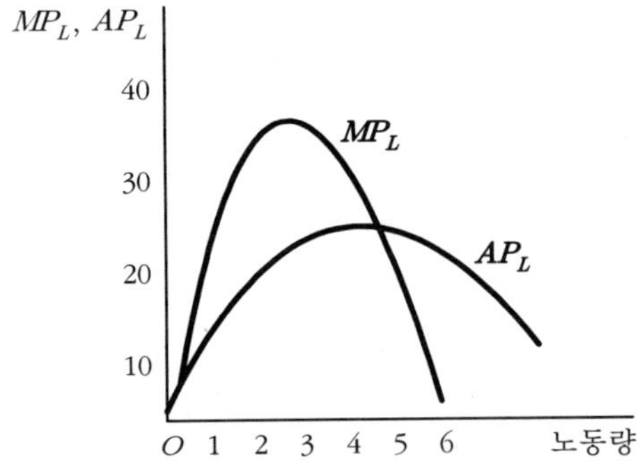

[그림 8-2] MP_L 곡선과 AP_L 곡선

2.3 장기생산함수

- 모든 생산요소의 투입량이 변함.

- 규모에 대한 보수 : 모든 생산요소를 동시에 같은 비율로 증가시키면 생산량은 얼마나 증가할 것인가를 나타냄.
  - 규모에 대한 보수불변(CRS : Constant Return to Scale) : 모든 생산요소의 투입을 두 배로 증가시킬 경우, 생산량도 정확히 두 배 증가한 경우
  - 규모에 대한 보수증가(IRS : Increasing Return to Scale) : 모든 생산요소의 투입을 두 배로 증가시킬 경우, 생산량이 두 배를 초과한 경우 ⇒ 규모의 경제[72)]
  - 규모에 대한 보수감소(DRS : Decreasing Return to Scale) : 모든 생산요소의 투입을 두 배로 증가시킬 경우, 생산량이 두 배에 미치지 못하는 경우 ⇒ 규모의 비경제(혹은 불경제)

3 생산비

- 기업은 수입과 비용의 차이인 이윤을 극대화하고자 함.

3.1 비용의 개념

- 경제학에서는 비용을 생산요소에 대한 명시적인 지출로 정의하지 않는 대신 기회비용의 개념을 강조함.

---

72) 비용의 측면에서 설명하면 생산의 규모가 커질수록 생산단가(평균비용)가 낮아질 때 규모의 경제(economies of scale)라는 특성이 있다고 말함. 반면 규모가 커짐에 따라 생산단가가 높아지는 경우에는 규모의 불경제(diseconomies of scale)가 있다고 말함. 이와 관련된 개념으로 한 기업이 여러 상품을 동시에 생산함으로써 비용상의 이점이 생길 때 생산기술에 범위의 경제(economies of scope)의 특성이 있다고 말함.

① 명시적 비용과 암묵적 비용

- 명시적 비용 : 다른 사람들이 소유하고 있는 자원을 사용한 대가로 지불하는 비용 ⇒ 회계적 비용이라고도 함.
- 암묵적(잠재적) 비용 : 자신이 소유한 자원에 대한 기회비용으로 계약에 의한 지불이 아니므로 기업의 대차대조표에 나타나지 않음.
- 정상이윤 : 생산활동을 지속적으로 경영하도록 하는 동기
- 경제적 비용(기회비용) : 명시적 비용 + 암묵적 비용
- 경제적 이윤 : 총수입에서 총비용(경제적 비용)을 뺀 것 ⇒ 총수입과 총비용이 같을 때는 경제적 이윤이 0으로 기업이 정상이윤을 얻고 있음을 의미함.
- 회계적 이윤 : 총수입에서 명시적 비용 또는 회계적 비용을 뺀 것
- 회계적 이윤과 경제적 이윤의 관계를 그림으로 나타내면 [그림 8-3]과 같음.

② 사적 비용과 사회적 비용

- 사적 비용 : 기업이 생산에 직접 사용한 생산요소에 대하여 시장가격을 지불한 비용
- 사회적 비용 = 사적 비용 + 외부비용

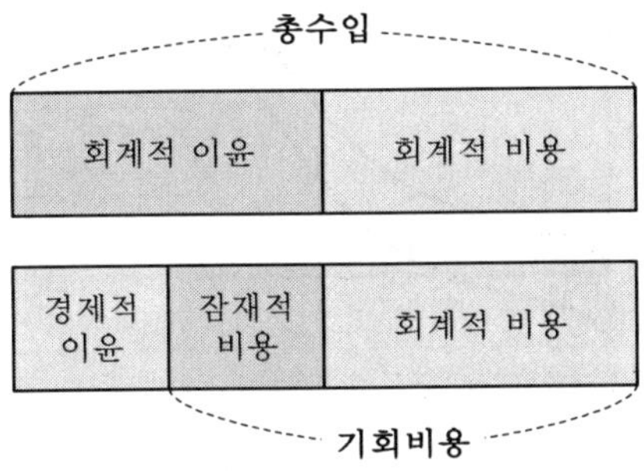

[그림 8-3] 회계적 이윤과 경제적 이윤

③ 단기비용과 장기비용

- 단기비용 : 고정생산요소가 존재하는 단기의 생산에 지불한 비용
- 장기비용 : 장기의 생산에 지불한 비용

3.2 단기비용

① 총비용

- 고정비용 : 고정생산요소에 지불한 비용
- 가변비용 : 가변생산요소에 지불한 비용
- 총비용 = 고정비용 + 가변비용 ⇒ $TC = TFC + TVC$
- 총비용곡선을 비롯한 관련 비용곡선을 그림으로 나타내면 [그림 8-4]와 같음.

② 고정비용과 가변비용

- 총고정비용은 생산량의 변화에 관계없이 일정

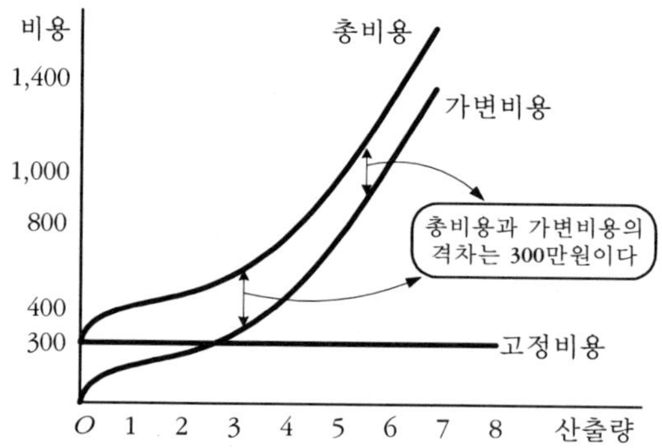

[그림 8-4] 총비용곡선

- 평균고정비용[73]은 직각쌍곡선으로 나타남.
- 평균가변비용[74]은 U자 형태를 취하게 됨.

③ 한계비용과 평균비용

- 한계비용(MC) : 상품을 한 단위 더 생산할 때 추가로 소요되는 비용을 말하는데, 산출량이 증가함에 따라 처음에는 감소하지만 최소점을 지나면서 증가함.

$$\Rightarrow \ MC = \frac{\Delta TC}{\Delta Q} = \frac{(\Delta TFC + \Delta TVC)}{\Delta Q} = \frac{\Delta TVC}{\Delta Q}$$

- 평균비용(AC) : 총비용을 총산출량으로 나눈 단위당 비용을 말함.

$$\Rightarrow \ AC = \frac{TC}{Q} = AFC + AVC$$

- 평균비용과 한계비용 사이의 관계 : 한계비용이 평균비용보다 낮으면 평균비용은 낮아지고, 반대로 한계비용이 평균비용보다 높으면 평균비용은 오르게 됨.[75]
- 한계비용곡선이 U자 모양인 것은 수확체감의 법칙[76] 때문임.[77]
- 평균비용곡선도 한계비용 및 평균가변비용곡선과 마찬가지로 U자 형태를 취하되 그 위치는 평균가변비용 위 오른쪽으로 치우치게 됨.
- 평균비용곡선과 한계비용곡선을 비롯한 관련 비용곡선을 그림으로 나타내면 [그림 8-5]와 같음.

---

73) 고정비용을 산출량으로 나눈 값, 즉 $AFC = \frac{TFC}{Q}$

74) 가변비용을 산출량으로 나눈 값, 즉 $AVC = \frac{TVC}{Q}$

75) $AC > MC \Rightarrow AC\downarrow$, $AC = MC \Rightarrow AC$ 극소, $AC < MC \Rightarrow AC\uparrow$

76) 노동투입량이 증가하면 어느 정도까지는 노동의 한계생산물이 증가하다가 노동투입량이 어느 수준에 도달하면 그 때부터는 노동의 한계생산물이 줄어들기 시작함을 의미

77) 한계비용곡선은 수확체감의 법칙(혹은 노동의 한계생산물)과 관련이 있으며, 평균비용곡선은 노동의 평균생산물과 유관함. 예컨대 수확체감의 법칙을 비용(한계비용)의 관점에서 보면 일정한 산출량을 계속 증가시키기 위해 처음에는 추가적인 비용이 감소하다가 나중에는 추가적인 비용(한계비용)이 증가한다는 의미임. 따라서 한계비용곡선은 처음에는 하락하다가 나중에는 증가하는 U자 형태를 지니게 됨.

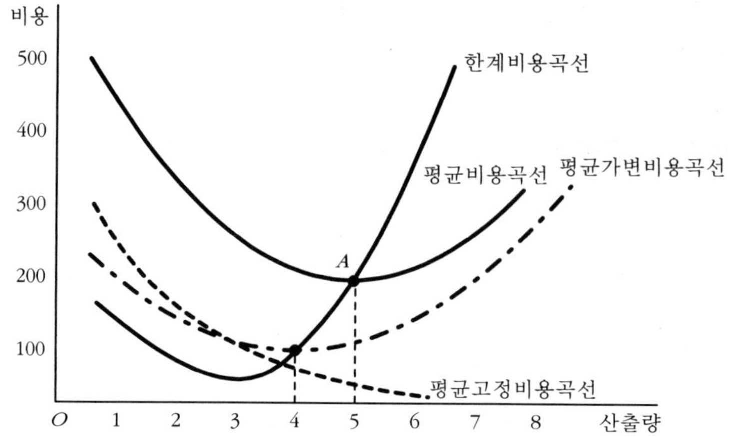

[그림 8-5] 평균비용곡선과 한계비용곡선[78)]

④ 생산성과 비용의 관계

- 생산성 향상이란 같은 생산요소로 더 많은 산출량을 생산하거나, 같은 산출량을 더 적은 생산요소로 생산할 수 있음을 의미 ⇒ 단위당 생산비용의 감소 ⇒ 생산성과 비용은 반비례관계

3.3 장기비용

- 공장규모를 포함한 모든 요소들이 가변적이므로 기업의 생산규모는 장기에 예상되는 경제환경에 가장 적합하도록 조정될 수 있을 뿐만 아니라 신규기업의 진입과 기존기업의 퇴출도 이루어짐.
- 기업주는 이윤을 극대화하는 산출량을 최소의 장기비용으로 생산할 수 있는 공장규모를 모색할 것임.
- 장기평균비용곡선은 단기평균비용곡선의 포락선이라고 함.[79)]

78) 평균비용은 평균가변비용과 평균고정비용을 수직으로 합한 것임. 한계비용곡선과 평균비용곡선, 평균가변비용곡선은 모두 U자형임. 한계비용곡선은 평균비용곡선과 평균가변비용곡선의 최저점을 관통하여 올라감.

79) 장기평균비용곡선이 단기평균비용곡선을 아래로부터 감싸는 이유는 장기는 단기보다 항상 생산비가 낮기 때문임. 장기에는 기업들이 생산시설 규모를 바꿀 수 있기 때문에 가장 낮은 생산비로 생산하는 것이 가능함. 반면 단기에는 정해진 생산시설 규모에 묶여 있기 때문에 장기에 비해 비용 면에서 불리함. 따라서 장기평균비용곡선은 단기평균비용곡선의 최저점을 연결하는 '포락선'(envelope)으로 나타내짐.

• 모양은 U자형
• 이유는 규모의 경제와 규모의 비경제로 설명 가능[80]

– 최소효율규모(MES) : 장기평균비용이 최소화되는 생산량 수준을 말함.

– 장기평균비용곡선은 시간의 흐름에 따라 시설규모가 확장되어 갈 때 단기평균비용곡선이 이동하는 궤적으로부터 그려진 곡선일 뿐임.
  • 따라서 기업이 장기평균비용곡선으로부터 장기 최적 시설규모를 결정한다 하더라도 실제 생산활동은 그때의 단기평균비용곡선 위에서 하는 것임.
  • [그림 8-6]에서 장기 최적생산량 수준인 A점에서 생산한다고 할 때 그때의 비용조건은 단기평균비용곡선 AC_2와 단기한계비용곡선 MC_2가 됨.

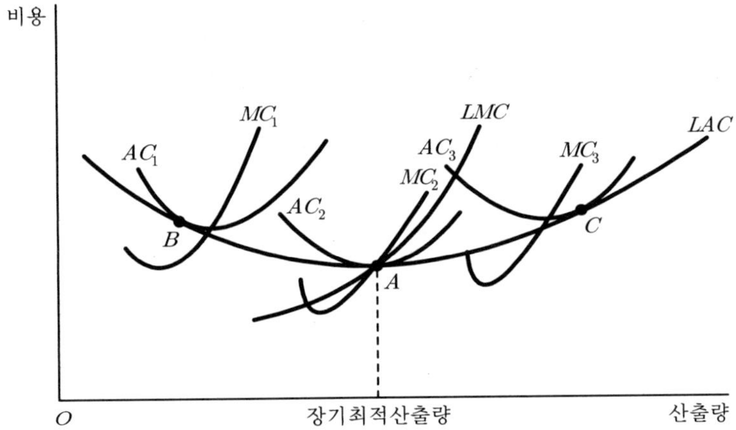

[그림 8-6] 일반적인 장기평균비용곡선[81]

80) 기업 간 합병 현상을 통해 설명 가능. 합병을 통해 생산규모가 어느 정도 확대되면 여러 가지 측면에서 평균비용이 감소할 수 있음. 연구개발비의 중복을 막고, 새로운 시장 개척을 위한 노력과 비용을 감소시키고, 또한 빠르게 변화하는 시장에 효과적으로 대응함으로써 불필요한 비용을 감축할 수 있게 되기 때문에 평균비용이 감소하는 효과가 나타나게 됨. 또한 생산규모가 적정수준에 이르면 업무의 효율적인 분업화와 합리화 등이 가능해지므로 비용이 감소함. 이와 같은 현상을 규모의 경제라고 부름. 규모의 경제는 장기평균비용곡선의 하향하는 부분을 설명해 줌. 그러나 생산규모가 지나치게 확대되면 부작용이 나타날 수 있음. 의사결정이 관료화되고, 시장변화에 빠르게 대응하지 못하는 등, 기업의 체질이 비효율적이 됨으로써 평균비용이 높아질 수 있음. 이것을 규모의 비경제라고 함. 규모의 비경제는 장기평균비용곡선의 상향하는 부분을 설명해 줌.

81) AC_1은 최저점의 왼쪽에서 LAC에 접하고, AC_2는 최저점에서 LAC에 접하고, AC_3는 최저점의 오른쪽에서 LAC에 접함.

4 기업의 행동원리

4.1 | 기업의 수입

① 총수입(TR)

- 판매수입으로 가격(P)에 판매량(Q)을 곱한 것임. ⇒ $TR = P(Q) \cdot Q$

〈표 8-1〉 아이스크림 판매로부터 나오는 수입 (단위 : 만 원)

아이스크림 판매량	가격(=평균수입)	총수입	한계수입
0	-	-	
			230
1	230	230	
			190
2	210	420	
			150
3	190	570	
			110
4	170	680	
			70
5	150	750	
			30
6	130	780	
			−10
7	110	770	
			−50
8	90	720	
			−90
9	70	630	

② 한계수입(MR)

- 기업이 한 단위 더 판매하여 추가로 얻은 수입 ⇒ $MR = \dfrac{\Delta TR}{\Delta Q}$

③ 평균수입(AR)

- 상품 한 단위당 수입 ⇒ $AR = \dfrac{TR}{Q}$
- 총수입과 한계수입, 그리고 평균수입의 구체적 사례를 표와 그림으로 나타내면 각각 〈표 8-1〉과 [그림 8-7]임.

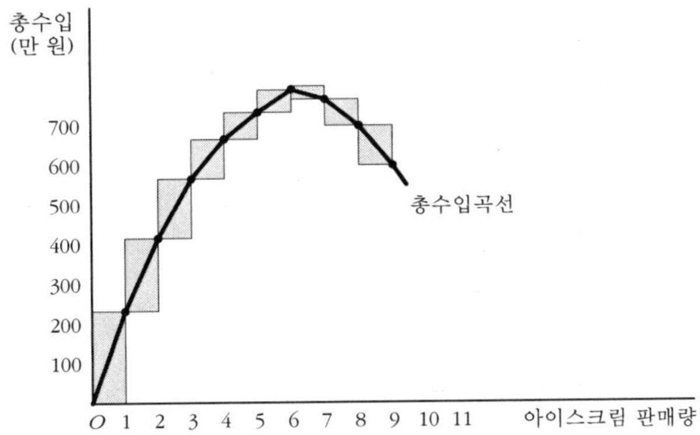

(a) 총수입곡선

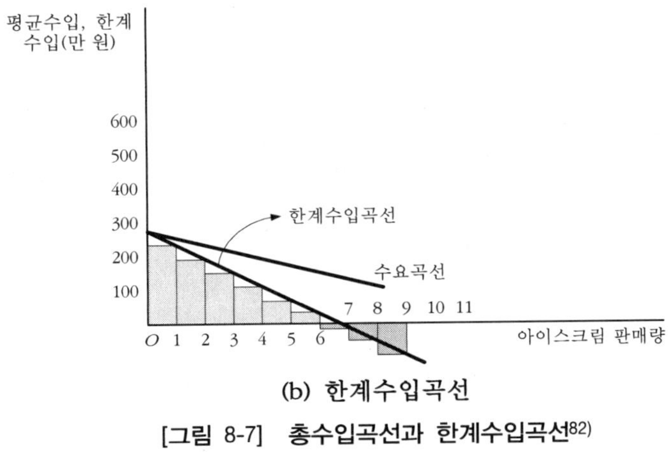

(b) 한계수입곡선

[그림 8-7] 총수입곡선과 한계수입곡선[82)]

---

82) 〈표 8-1〉은 아이스크림 판매량이 늘어감에 따라 총수입이 어떻게 변화하게 되는가를 보여주고 있음. 이를 그림으로 옮긴 것이 총수입곡선임. 이 곡선을 따라 만들어진 직사각형들의 높이는 아이스크림 판매량이 1단위씩 늘어날 때 (총)수입이 어떤 크기로 변화하는지를 나타내고 있음. 이 직사각형들을 나란히 배열한 것으로부터 한계수입곡선을 도출할 수 있음.

4.2 기업의 이윤극대화 조건[83)]

- 필요조건(1차조건)
  - $MR = MC$[84)]

- 충분조건(2차조건)
  - 1차조건이 충족되었다 하더라도 이윤이 극대화되는 것이 아니라 극소화된 경우(손실극대를 의미)도 생길 수 있기 때문에 이윤이 극대화되는지 확신을 갖기 위해서는 2차조건이 충족되는지의 여부를 확인해야 함.
  - MC의 기울기 > MR의 기울기[85)]

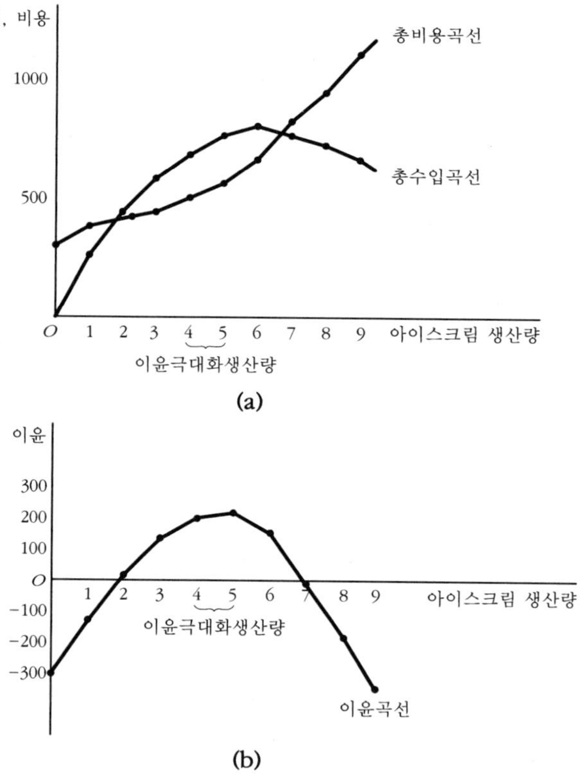

[그림 8-8] 이윤극대화 생산량의 도출

83) 다시 말해 이윤극대화 조건은 다음과 같음. π(이윤)$= TR(Q) - TC(Q)$이므로 이윤함수 역시 생산량(Q)의 함수임. 필요조건 : 이윤(π)함수를 Q로 1차 미분해서 0이 되는 조건, 충분조건 : 이윤(π)함수를 Q로 2차 미분해서 0보다 작게 되는 조건을 말함.

84) if $MR > MC \Rightarrow Q\uparrow$, if $MR < MC \Rightarrow Q\downarrow$, if $MR = MC \Rightarrow Q$무변(이윤극대)

85) $MR = MC$가 성립하는 생산수준에서 한계비용곡선이 한계수입곡선을 아래에서 위로 뚫고 지나가면 충분조건(2차조건)이 충족됨.

- 이윤극대화 생산량의 도출을 그림으로 나타내면 [그림 8-8a], [그림 8-8b]와 같음.[86)]

참고자료

(1) 이준구 · 이창용(2012), 《경제학 들어가기》, 법문사.
(2) 김애영(2005), 《경제학의 이해》, 청목출판사.
(3) 김승욱 외(2008), 《알짬 시장경제》, 박영사.

86) 이윤은 총수입에서 총비용을 뺀 것과 같음. 따라서 총수입곡선과 총비용곡선 사이의 수직거리가 가장 커지는 생산량의 수준에서 이윤이 극대화되는데, [그림 8-8a]에는 이것이 4개 혹은 5개로 나타나 있음. 한편 [그림 8-8b]는 두 곡선 사이의 수직거리를 재어 별도로 만든 이윤곡선을 보여주고 있음.

부록 [8-1] 생산요소로서 자본의 의미

1. 생산요소

- 의미
  - 일반적으로 재화와 서비스를 생산하기 위해서는 많은 것들을 필요로 함.
  - 상품을 생산하기 위해서는 사람을 고용해야 하고, 생산할 수 있는 장소와 공장도 필요함.
  - 이와 같이 재화와 서비스를 생산하기 위하여 필요한 요소(투입물)들을 생산요소라고 함.
- 산업혁명이 일어나기 이전인 18세기까지는 토지와 노동만을 생산요소로 간주하였지만, 산업화가 진행되면서 자본에 대한 중요성이 높아졌음. ⇒ 이에 따라 일반적인 생산요소의 범주에 토지와 노동뿐만 아니라 자본이 포함되었음.
  - 이들 생산요소는 생산요소시장에서 거래되며 기업은 가계로부터 생산요소를 구매하고, 가계는 기업에게 생산요소를 판매함.
  - 따라서 생산요소의 가격은 기업의 입장에서는 비용이 되지만, 가계의 입장에서는 소득의 원천이 됨.

2. 자본이란 자본재가 제공하는 자본서비스

- 자본이라는 용어는 일상적으로 다양한 의미로 사용되고 있음.
  - 하나는 생산에 이용되는 기계나 설비, 건물 등과 같은 생산수단을 의미
  - 다른 하나는 금융시장에서 통용되는 화폐 및 유가증권 등을 의미
  - 여기서 전자는 실물자본으로서의 자본재(capital goods)를 의미하고, 후자는 화폐자본으로서의 자본(capital)을 의미함.
- 그렇지만 일상적으로는 자본재와 자본을 달리 구분하지 않고 통상 자본이라 부르는 경우가 많은데, 그 이유는 자본재의 형태나 성격이 매우 다양하기 때문에 공통적으로 화폐단위로 평가할 수 있을 뿐만 아니라 화폐자본은 즉시 실물자본으로 바꿀 수 있기 때문임.
- 그러나 경제학에서 생산요소로서의 자본이라는 개념은 간단하게 설명할 수 있는 대상이 아닌데, 그 이유는 생산요소로서의 자본이란 자본재가 제공하는 자본서비스(capital service)를 의미하기 때문임.

⇒ 자본서비스는 자본재로부터 제공되는 것이므로 양자 간에는 밀접한 관련이 있음.

- 예를 들면 우리 실생활에서 매일 먹는 밥은 토지(자연자원)와 노동, 그리고 자본(자본재)이 결합되어 만들어지는 것임. ⇒ ㉠ 쌀과 물은 토지, 사람의 노력은 노동, 전기밥솥은 자본(자본재)임. ㉡ 그리고 밥을 짓기 위해 전기밥솥에 쌀을 씻고, 쌀과 물을 함께 넣은 뒤 밥이 될 때까지 전기밥솥이 행하는 모든 과정(예 : 취사 및 보온 등의 기능)이자 본서비스라고 할 수 있음.

- 자본재는 일반적으로 다른 재화와 마찬가지로 자본재 시장에서 수요와 공급에 의해 가격과 수급량이 결정되지만, 자본서비스는 생산요소시장에서 수요와 공급에 의해 가격과 수급량이 결정됨.

- 한편 생산과정에 자본을 투입한다는 것은 기계나 설비, 건물 등 자본재를 구입하거나 임대하여 사용한다는 것을 의미함. ⇒ 이와 같이 자본재를 구입하는 것을 투자라고 하고, 투자함으로 인해 자본이 축적되기 때문에 자본재의 크기(양)는 일정시점을 명시해야 그 의미가 명확해지는 저량(stock)의 개념임.

- 그런데 실제로 생산과정에 직접 투입되는 것은 자본재 그 자체가 아니라 자본재가 제공하는 자본서비스라고 할 수 있으며, 자본서비스의 투입은 일정기간을 명시해야 측정이 가능한 유량(flow)의 개념임.

3. 자본은 화폐단위로 평가한 금액

- 이제 어떤 기업이 생산과정에 자본설비를 투입하는 경우를 상정해 보자.

- 우선 이 기업은 생산과정에 소요되는 자본, 즉 화폐단위로 평가한 금액이 얼마인지를 결정할 것이고, 다음으로 기업은 이 생산과정에 어떤 종류의 자본재가 얼마나 필요한지를 파악할 것임.

- 그래서 자금조달에 따른 기회비용과 자본재를 이용해 얻을 수 있는 수익을 비교하여, 이것을 구입하거나 임대하기 위한 자금의 규모를 결정할 것임.

- 이와 같이 자금의 규모를 결정한다는 것은 자본재에 대한 투자규모의 결정, 즉 생산과정에 투입하고자 하는 자본서비스 규모의 결정을 의미함.

- 기업이 생산과정에 자본설비를 투입하는 방법으로는 일반적으로 자본재를 직접 구입하는 방법과 자본재를 임대하는 방법이 있음.
  - 예를 들어 자본서비스의 가격(자본재의 임대료)이 하락하게 되면, 다음과 같은 두 가지 경로를 통하여 기업은 생산과정에 자본재에 대한 수요량이 증가함. ⇒ 하나는 새로운

자본재의 추가 구입, 다른 하나는 자본재 임대시장에서의 자본서비스 추가 구입임.

- 생산요소로서의 자본은 기본적으로 미래의 더 큰 소비를 위하여 현재의 소비를 희생하는 것을 의미함. ⇒ 미래에 예상되는 수익을 위하여 현재의 소비를 희생한다는 것은 투자 행위, 즉 자본축적 행위의 핵심이라 할 수 있음.

4. 자본재 수익은 장기간 발생

- 일반적으로 자본재에 투자함으로써 얻게 되는 수익은 한 번 발생하고 끝나는 것이 아니라 오랜 기간에 걸쳐 계속 발생함. ⇒ 따라서 미래의 일정기간에 걸친 수익의 흐름을 고려하여 기업은 이윤극대화를 위한 투자규모를 결정함.
  - 즉 미래에 예상되는 수익을 할인하여 현재가치로 환산한 후 투자 여부를 판단하게 됨.
  - 뿐만 아니라 자본서비스의 투입도 이윤극대화 조건인 자본서비스의 가격과 자본서비스의 한계생산가치가 일치하는 수준에서 그 크기가 결정됨.

- 자본재에 대한 투자결정이나 자본서비스의 투입결정은 모두 이자율과 밀접하게 관련성이 있음. ⇒ 자본서비스의 가격, 즉 자본재의 단위시간당 기회비용을 결정하는 요소로는 자본재의 가격, 감가상각률, 그리고 이자율이 있음.

- 그러나 이 중에서 감가상각률은 외생적으로 고정되어 있고, 자본재의 가격 또한 일정수준으로 주어져 있다고 가정하면 이자율이 가장 중요한 변수가 되는데, 이러한 의미에서 이자율이 결정되는 시장이 자본시장임.

- 자본시장은 노동시장보다 복잡한 내용을 포함하고 있는데, 그 이유는 앞에서 살펴본 바와 같이 자본이라는 용어가 일상적으로 다양하게 사용되고 있기 때문임.

- 그러나 일반적으로 현실경제에서 자본시장이라고 하면 자본재나 자본설비가 거래되는 장소보다는 이것을 구입하거나 임대하기 위한 자금 및 기업의 운영자금 등이 거래되는 장소를 의미함.

참고자료

(1) 이기성(2014), "생산요소로서 자본의 의미", 《"click" 경제교육》, KDI경제정보센터, 2014. 06.

CHAPTER 09

시장의 유형과 특징

어느 시장의 공급을 한 기업이 전담하고 있으면 독점(monopoly)이라고 하고 몇 개의 대기업이 분점하고 있으면 과점(oligopoly)이라고 한다. 독과점시장의 특징은 공급기업(들)이 공급량을 조절해 상품가격을 경쟁시장의 가격보다 더 높게 책정할 수 있다는 점이다. 이렇게 시장가격에 영향력을 행사할 수 있는 독과점공급자를 시장지배적 사업자라고 부른다. 시장지배적 사업자가 시장 지배적 지위를 이용해 자신의 이익을 도모하는 행태에는 크게 두 가지 유형이 있다. 첫 번째 유형은 소비자보다 우월한 협상력을 행사해 독과점 가격을 책정하는 행동이며, 두 번째 유형은 라이벌 기업들의 시장진입을 방해하고, 진입하더라도 부당하게 압박하고 심지어 퇴출까지 유도하는 행동으로서 결국 시장 지배적 지위의 취득, 유지, 그리고 강화를 목적으로 한다. 시장 지배적 사업자의 협상력은 시장 지배적 지위에서 나온다. 그러므로 시장지배적 지위를 정당하게 취득했다면 그 협상력도 정당한 것이고, 독과점가격이라도 정당한 협상력으로 얻어낸 것이라면 부당하다고 말하기는 어렵다. 가령 남들이 못한 신기술 개발로 시장을 독점하고 책정한 독점가격을 부당하다고 비난할 수는 없다. 그러나 나보다 더 유능한 라이벌 사업자가 필수원료를 구입하지 못하도록 방해하거나 라이벌 사업자의 제품을 구매하지 말도록 구매자들을 압박해 취득한 나의 시장 지배적 지위는 결코 정당한 것이 아니다. 예컨대 내가 필수원료 생산기업을 '수직적 통합(vertical integration)'으로 인수한 다음 외부공급을 거절하면 라이벌 사업자는 필수원료를 달리 조달해야 한다. 그러나 기술적으로 불가능하거나 가능하더라도 엄청난 자금을 투자해야 한다면 라이벌 사업자는 감당하지 못한다. 이런저런 이유로 조달이 불가능하면 라이벌 사업자는 나보다 더 유능하더라도 내가 독점 공급하고 있는 상품을 생산할 수 없으므로 나는 시장 지배적 지위를 유지할 수 있다. 내 상품은 반드시 내가 독점적으로 생산하는 다른 상품 X와 함께 사용해야 한다고 하자. 이 경우 내가 내 상품을 구입하는 구입자에게만 X를 판매하는 '끼워(tie-in) 팔기' 전술을 사용하면 라이벌 사업자는 내 상품시장에 진출할 수 없다. '수직적 통합'이나 '끼워 팔기'는 라이벌 사업자의 시장 접근을 봉쇄하는 '시장차단(market foreclosure)' 행위로서 나의 시장 지배적 지위를 부당하게 유지할 수 있도록 만든다. '시장차단'은 보통 한 시장의 지배적 지위를 남용해 다른 시장의 지배적 지위를 부당하게 얻는 방법이다. 또 나의 자금력이 풍부하다면 나는 상품가격을 한동안 원가 이하로 책정하는 '약탈가격책정(predatory pricing)'의 전술로 라이벌 사업자들을 퇴출시킬 수도 있다. '약탈가격책정'은 지배적 지위를 남용해 시장을 독점화하려는 행동이다. 각국의 공정거래법은 '끼워 팔기'와 '약탈가격책정'을 모두 금지하고 있다.

- 이승훈 서울대 교수 -

출처 : 이승훈(2009), "시장 지배적 지위의 남용", 《한국경제》, 2009. 12. 31.

1 시장의 형태

1.1 시장형태의 유형

- 완전경쟁
- 불완전경쟁
  - 독점
  - 과점
  - 독점적 경쟁

1.2 시장형태의 특성

① 판매자의 수(구매자는 많다는 것을 전제)

- 완전경쟁시장에서는 다수의 판매자가 존재하며, 그 반대의 극단이라고 할 수 있는 독점시장에서는 오직 하나의 판매자만이 존재함.[87)]
- 과점시장은 소수의 기업이 상품을 공급한다는 점에서 완전경쟁시장과 독점시장의 중간에 위치한다고 말할 수 있음.
- 독점적 경쟁시장의 경우 판매자의 숫자가 많다는 점에서는 완전경쟁시장과 비슷한데, 다른 측면에서의 차이 때문에 서로 다른 형태의 시장이 됨.

② 개별기업이 가격에 영향을 미칠 수 있는 능력

- 완전경쟁시장에서는 워낙 많은 수의 기업이 상품을 공급하고 있어 개별기업이 가격에 영향을 미칠 가능성은 전혀 없음.

---

87) 수요자가 단 하나인 시장, 즉 수요독점시장도 존재할 수 있는데 상품의 경우는 거래되는 예가 지극히 드물고 주로 생산요소시장, 특히 노동시장에서 발견할 수 있음.

- 반면에 상품의 유일한 공급자인 독점기업은 가격에 상당한 영향력을 행사할 수 있음.

- 과점시장 안의 기업들도 가격에 어느 정도의 영향력을 갖고 있는데, 이에 비하면 독점적 경쟁시장 안의 기업들이 갖는 영향력은 훨씬 더 작다고 말할 수 있음.

③ 상품의 동질성 여부

- 완전경쟁시장이 되기 위해서는 그 안에서 거래되는 모든 상품이 완전히 동질적이라는 조건이 충족되어야 함.

- 반면에 독점적 경쟁시장의 가장 큰 특징은 같은 상품이라도 어떤 기업이 만들었느냐에 따라 약간의 차이가 있는 차별화(differentiation) 현상이 나타난다는 점인데, 완전경쟁시장과 마찬가지로 공급자의 수가 많다는 점에서는 서로 같으나 이러한 차별화 현상이 존재하느냐의 여부에서 차이를 보이는 것임.

- 과점시장의 경우에는 그 안에서 거래되는 상품들이 동질적일 수도 있고 차별화현상이 나타나고 있을 수도 있음.

④ 진입장벽의 존재

- 완전경쟁시장이 되기 위한 또 하나의 조건은 일체의 진입장벽(entry barrier)이 존재하지 않는 것임.

- 독점적 경쟁시장에서도 진입장벽은 존재하지 않는 것이 보통임.

- 그러나 독점시장에서는 진입의 기회가 거의 완벽하게 봉쇄되어 있는데, 만약 진입을 시도하는 기업을 억제할 진입장벽이 없다면 독점시장의 존립 그 자체가 불가능해짐.

- 과점시장에서는 진입장벽이 상당한 정도로 존재한다고 말할 수 있음.

⑤ 비가격경쟁의 존재

- 비가격경쟁이란 가격 이외의 수단, 예를 들어 상품의 질, 서비스, 광고 등을 통해 기업들이 경쟁을 벌이는 것을 뜻함.

- 완전경쟁시장에서는 비가격경쟁이 거의 존재하지 않으리라고 예상할 수 있음.
- 그러나 상품의 차별화를 특징으로 하는 독점적 경쟁시장에서는 비가격경쟁이 매우 흔하게 일어남.
- 한편 소수의 기업만이 존재하는 과점시장에서 가격을 통해 경쟁하는 것은 매우 위험스런 일인데, 한 기업이 가격을 낮추면 다른 기업들도 이에 질세라 다투어 낮추어 서로에게 손해가 되는 가격전쟁으로까지 번질 수 있기 때문에 과점시장 안에서의 기업은 가격 이외의 수단을 통해 경쟁하는 안전한 방법을 택할 가능성이 큼. ⇒ 일반적으로 과점시장의 기업들은 광고에 많은 돈을 쏟아 붓는데, 이는 안전하게 경쟁하는 방법을 선택한 결과라고 말할 수 있음.

2 완전경쟁시장

2.1 특 징

① 완전경쟁시장을 공부하는 이유

- 현실의 시장형태를 이 이상적인 시장에 비교하여 평가하기 위함.
- 이 시장형태가 가장 간단하기 때문

② 성립 조건

- 무수히 많은 작은 기업들이 존재해야 함.
- 거래되는 상품은 동질적이어야 함.
- 기업의 시장 진입과 퇴출이 자유로워야 함.
- 완전한 정보가 시장의 모든 참여자들에게 공유되어야 함.

2.2 | 단기균형 : 이윤극대화와 공급곡선

① 기업의 이윤극대화

- 기업은 매우 다양한 동기를 통해서 기업활동을 추구하지만 기업활동의 일차적인 동기는 이윤의 추구에 있다고 볼 수 있음.
- 시장 전체의 수요곡선은 우하향하는 모양을 갖지만 개별기업의 수요곡선은 수평선이 됨. ⇒ 완전경쟁기업들은 가격순응자적 역할을 수행하게 되는바, 이는 기업의 입장에서는 시장에서 결정된 가격을 바꿀 수도 없지만, 한편으로는 주어진 시장가격에 자신이 원하는 만큼 판매할 수 있다는 것을 의미
- D(수요곡선) = P(시장가격) = AR(평균수입) = MR(한계수입)의 관계가 성립 ⇒ 완전경쟁시장에서는 한계수입이 항상 시장가격과 일치
- 이윤극대화 조건
  - MR(한계수입) = MC(한계비용)
- 완전경쟁기업들은 한계비용만 정확하게 계산할 수 있다면 이익을 극대화하기 위해 생산규모를 어느 정도로 해야 하는지 알 수 있음.
- 가격이 평균비용곡선의 최저점보다 더 낮을 때 기업은 생산을 중단 ⇒ 가격이 생산중단 가격보다 더 높을 때 한해 생산활동을 하게 됨.

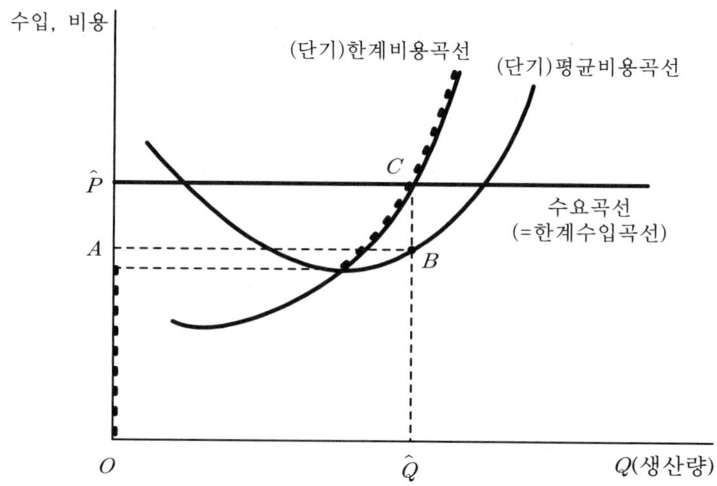

[그림 9-1] 단기에서의 이윤극대화

② 공급곡선의 도출

- 가격이 평균비용곡선의 최저점보다 더 낮으면 공급량이 0이 될 것이므로 가격이 이 구간에 있을 때의 공급곡선은 수직축 위의 선분이 됨.
- 가격이 평균비용곡선의 최저점보다 높으면 기업은 가격을 나타내는 수평선이 한계비용곡선과 교차하는 곳의 생산수준을 선택 ⇒ 가격이 이 구간에 있을 때의 공급곡선은 한계비용곡선과 일치하게 됨. ⇒ 개별기업의 공급곡선이 됨.
- 개별기업의 공급곡선을 수평으로 더함으로써 시장 전체의 공급곡선 도출

2.3 | 장기균형

① 장기조정과정

- 단기에서 완전경쟁시장 안의 기업들이 양(+) 혹은 음(−)의 이윤을 얻게 되면 기업들은 시장 안으로 진입하거나 혹은 시장으로부터 이탈하게 됨.
- 그 결과 산업 전체의 공급이 변화를 일으켜 가격이 변동하게 되는데 이런 일련의 과정을 말함. ⇒ 이러한 장기조정은 장기균형 상태가 이루어질 때까지 계속됨.

② 장기균형

- 시장 안의 모든 기업들이 0의 경제적 이윤만을 얻고 있어 더 이상 진입이나 이탈이 일어나지 않는 상태를 말함.
- 정상이윤만을 얻고 그 이상의 추가적인 이윤은 얻지 못한다는 것을 의미
- 성립조건
  - 각 기업의 이윤[88]이 극대화되어 있어야 함.
  - 그 이윤이 0이어야 함.[89]
  - (시장 전체의) 수요량과 공급량이 서로 같아야 함.

---

88) 여기서 이윤은 수입에서 기회비용을 뺀 경제적 이윤을 말함.

89) 이는 기업이 정상이윤만을 얻고 그 이상의 추가적인 이윤은 얻지 못한다는 것을 뜻함. 투하된 자본에 대한 정상적인 수익(이는 기회비용의 일부로 포함되어 있는 상황으로 정상이윤이라고 불리기도 함)을 얻고 있는 상태이기 때문에 정상이윤을 얻는 기업들이 도태되지 않은 채 계속 생산활동을 하는 것은 너무나도 당연한 일임.

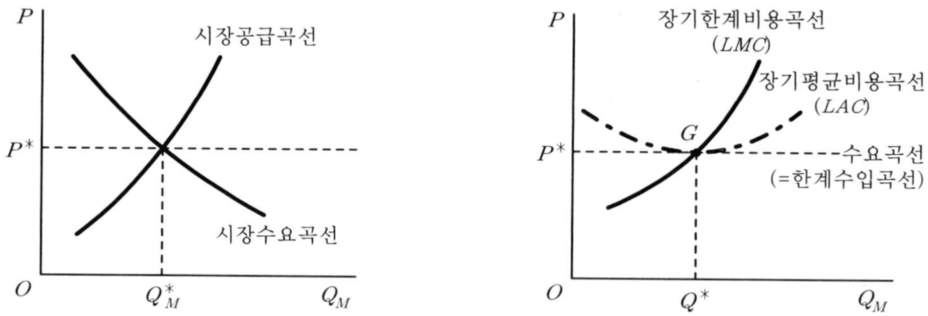

(a) 시장균형 (b) 개별기업의 이윤극대화

[그림 9-2] 완전경쟁시장의 장기균형[90)]

2.4 평가 : 완전경쟁시장은 어떤 점에서 바람직한가?

① 자원배분의 효율성 충족

- 완전경쟁기업의 생산량 결정은 $P = MC$가 성립되는 상태에서 이루어짐.
  - If $MB(= P)$[91)] $> MC \Rightarrow Q$의 생산을 증가시킴으로써 순사회편익을 증대시킬 수 있음. ⇒ 현재의 재화 생산이 비효율적임을 의미
  - If $MB(= P) < MC \Rightarrow Q$의 생산을 감소시킴으로써 순사회편익을 증대시킬 수 있음. ⇒ 현재의 재화 생산이 비효율적임을 의미[92)]
- 장기균형 상태에서 각 기업은 장기비용곡선의 최저점에서 생산 ⇒ 가장 낮은 생산 단가에서 해당 상품을 생산

90) 완전경쟁시장의 장기균형에서는 가격이 장기평균비용곡선의 최저점의 높이와 같아져 개별기업의 (극대화된) 이윤은 0이 됨. 그렇기 때문에 더 이상의 진입과 이탈이 일어나지 않게 되는 것임.

91) 수요자는 상품의 소비에서 나오는 한계편익(marginal benefit ; MB)이 그것의 가격과 일치하는 수준에서 그 상품의 수요량을 결정함. 이와 같은 수요자의 태도 때문에 $MB = P$가 성립하게 됨.

92) 다른 시각에서 설명하면 다음과 같음. 시장가격(P)은 해당상품의 가치이고, 한계비용(MC)은 기회비용의 개념을 적용하여 포기한 다른 상품의 가치라고 볼 수 있음. 따라서 $P = MC$의 의미는 생산된 상품의 가치가 포기한 상품의 가치와 똑같다면 사람들의 만족을 더 크게 할 수 있는 자원배분의 다른 방법은 없음을 의미함. 이는 곧 현재의 자원배분이 가장 효율적인 상태임을 의미함. 다시 말해 자원을 어디에 쓰나 무차별하다는 것으로 자원을 가장 효율적으로 사용하고 있는 상태를 말함. if $P > MC \Rightarrow Q\uparrow$(해당 상품이 충분히 생산되지 않았고, 따라서 그 상품의 생산에 지나치게 적은 자원이 배분되고 있다는 의미임. 따라서 그 상품의 생산을 증가시키면 사람들은 더 큰 행복을 느낄 수 있게 됨. 그렇게 함으로써 자원배분이 더 효율적으로 이루어질 수 있게 되는 것임)

② 한계

- 자원배분의 효율성이 높다고 해서 반드시 모든 것이 바람직한 것은 아님. ⇒ 완전경쟁시장은 상품의 개성이나 기업의 상품차별화 노력이 불필요한 무미한 시장
- 일련의 전제조건이 충족된 다음에야 완전경쟁시장에서의 자원배분이 효율적으로 이루어질 수 있음.
- 소득분배의 공평성은 기대할 수 없음.

3 독점시장

3.1 독점시장의 특징

- 단 하나의 공급자
- 대체재가 존재하지 않음.
  - 그러나 유사 대체재는 현실적으로 존재(간접적 경쟁기업)
- 완전한 진입장벽
  - 그러나 현실적으로 잠재적 경쟁기업을 의식하지 않을 수 없음.
  - 개방화 추세로 인해 진입장벽이 완벽하다고 말하기 곤란

3.2 독점시장의 균형

① 독점기업의 이윤극대화 조건

- 독점기업은 가격설정자가 됨. ⇒ 독점기업은 시장에서 유일한 기업이므로 시장수요곡선이 바로 독점기업의 수요곡선이 되고, 따라서 독점기업은 우하향하는 수요곡선과 마주치게 됨.

- 한계수입은 가격보다 작음.[93] ⇒ $MR < P$

- 이윤극대화 조건
  - $MR = MC$

② 독점기업의 공급곡선

- 독점기업은 공급곡선이 존재하지 않음.
  - 독점기업은 완전경쟁기업과 같이 시장가격이 어느 수준이면 공급량을 어느 수준으로 하겠다고 하는 사전적인 계획이 존재하지 않고 그때그때 시장수요의 크기를 감안하여 이윤극대화를 위한 공급량을 결정함.

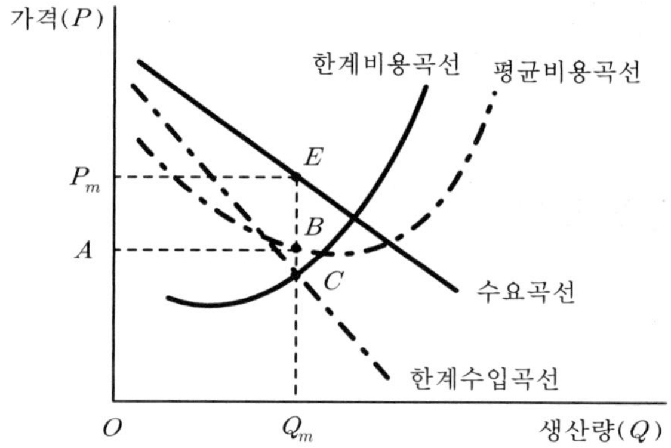

[그림 9-3] 독점시장의 균형[94]

93) 우하향하는 수요곡선으로부터 한계수입곡선을 구하면 역시 우하향하면서 기울기가 한층 더 가파른 모양이 된다는 사실만 알아두기 바람. 수치를 이용하여 간단히 살펴보면 다음과 같음.

P(가격)	Q(생산량)	TR(총수입)	MR(한계수입)
10	5	50	
9	6	54	4
8	7	56	2
7	8	56	0

94) 이윤극대화를 추구하는 독점기업은 $MR = MC$의 조건이 충족되는 생산수준을 선택하는데, 이 균형 상태에서 가격이 한계비용보다 더 높은 결과가 나타남.

3.3 | 독점의 경제적 효과

① 비효율적인 자원배분

- 독점의 경우 가격은 한계비용보다 높음. ⇒ $P > MC$[95]
- 독점으로 인한 사회후생의 손실 발생

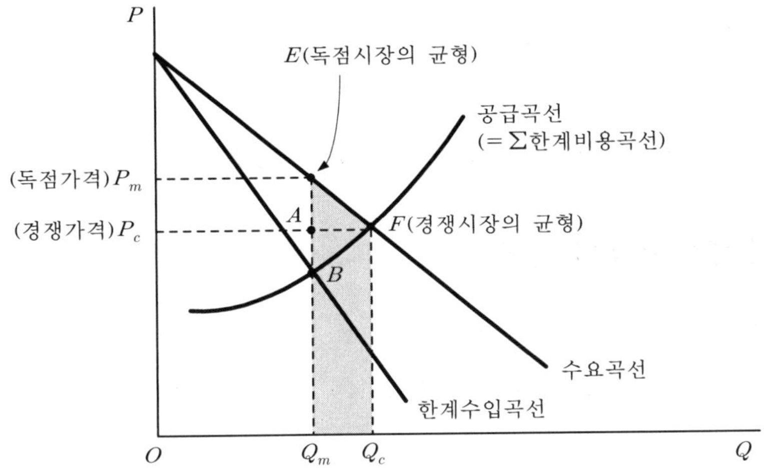

[그림 9-4] 경쟁시장과 독점시장[96]

② 비효율성의 또 다른 원인

- 비용절감에 힘을 기울이지 않고 경영을 방만하게 운영할 수 있음. ⇒ 경영의 부실에 따른 비효율성 초래(라이벤스타인은 이를 X-비효율성[97]이라고 불렀음)
- 정부에 의해 독점권을 부여받을 경우에는 독점권을 획득하거나 유지하는 데 비용

95) 상품의 가격이 한계비용보다 높다는 것은 소비자들이 독점기업이 생산하고 있는 상품을 더 원하고 있다는 의미임. 그러나 독점기업은 독점이윤을 누리기 위해서 자신의 상품을 더 생산하지 않음. 즉 독점기업은 자신의 상품생산에 지나치게 적은 자원을 배분하고 있는 것임. 따라서 사회 전체적으로 볼 때 자원배분이 효율적으로 이루어지고 있지 않게 됨. 독점기업의 상품이 더 생산되도록 자원이 배분된다면 사회 전체의 후생은 증가될 수 있음.

96) 완전경쟁체제와 비교해 볼 때, 독점체제하의 생산량은 더 작고 가격은 더 높은 것을 알 수 있음. 독점으로 인한 사회후생의 손실은 삼각형 모양의 EBF의 면적으로 나타낼 수 있음.

97) 라이벤스타인(Leibenstein)의 X-비효율성(extra-inefficiency)

이 발생 ⇒ 독점적 이윤을 얻기 위한 로비활동 등의 비용으로 인해서 결국 독점기업도 그 독점적 이윤이 다 소진될 것이고, 따라서 독점유지의 사회적 비용이 발생할 수 있음.

- 형평성 악화 ⇒ 부의 편중 심화
- 소비자 선택의 자유가 줄어들어 소비자주권이 침해받을 수 있음.[98)]

③ 긍정적 측면

- 국내시장이 협소해서 자연독점이 이루어진 경우에는 독점기업이 더 효율적으로 생산할 수도 있음.
- 독점이윤이 있기 때문에 오히려 기술혁신이 가능하다는 주장도 있음.

④ 독점에 대한 정부의 정책

- 국유화
  - 반드시 좋은 대응책은 아님. ⇒ 공기업의 민영화 추진
- 가격규제
  - 독점기업이 마음대로 가격을 매기지 못하도록 규제함으로써 독점력의 사용을 억제하려는 의도에서 실시됨.
- 경쟁촉진정책
  - 하나의 거대 독점기업이 산업 전체를 좌우하도록 방치하는 것보다는 비록 제한적이나마 경쟁체제를 도입하는 편이 더 나을 것이라는 생각에 그 기초를 두고 있음.

98) 소비자에 의해 자원배분이 이루어져야 하나 독점기업, 즉 공급자에 의해 소비자의 선호가 창출되어 자원이 배분됨. 다시 말해 소비자가 주체가 되지 못하고 종속적인 상태로 전락. 자원배분에 소비자의 선호가 존중되고 반영되지 못함을 의미함.

3.4 가격차별

① 정의

- 가격차별(price discrimination)이란 독점기업이 이윤을 더 크게 만들기 위해 동일한 상품에 대해 차별적으로 가격을 책정하는 행위

② 성립 조건

- 소비자를 그 특성에 따라 두 개 이상의 다른 집단으로 나눌 수 있어야 함.
- 독점기업이 각 소비자의 특성을 쉽게 알아낼 수 있어야 함.
- 소비자가 가격이 낮은 시장에서 상품을 구입해 가격이 높은 시장으로 가서 되파는 행위를 막을 수 있어야 함.

③ 실례

- 소득계층별 차별화(영화관람 요금 등)
- 사용시간에 따른 차별화(성수기와 비수기)
- 내수시장과 수출시장
- 신규고객과 기존고객(휴대폰 시장 등)

4 과점시장의 모형

4.1 특 징

- 소수의 기업이 상품을 생산, 공급하는 시장형태
  - 치열한 비가격경쟁과 가격의 경직성(가급적 가격경쟁을 회피하고 광고나 상품차

별화 등 비가격경쟁에 의존)

- 상당한 정도의 진입장벽(혹은 전략적 진입장벽)이 존재
  - 신규기업 진입 시 기존기업들이 가격을 충분히 낮추어 신규기업이 이 가격으로는 손실을 보게 됨.
  - 활발한 광고활동으로 기존기업의 상표가 너무 많이 알려져 있음.
  - 기존기업들이 수많은 차별화된 상품을 만들어 내어 소비자의 다양한 기호를 이미 충족시켜 줌.

- 상대방의 반응을 고려해 자신의 행동을 결정해야 하는 전략적 상황이 존재하기 때문에 이론화하기에 특히 어려움이 많음.
  - 기업 간 상호의존관계
  - 정형화된 이론이 없음. ⇒ 상황 및 전략에 따른 이론이 다양

- 담합의 가능성 존재

4.2 | 모 형

담합 여부에 따라 다음과 같은 세 가지 범주의 과점시장모형이 존재[99)]

① 각 기업이 독자적인 행동을 한다고 보는 모형

- 꾸르노모형(Cournot model)
  - 경쟁기업이 현재의 생산량을 그대로 유지할 것이라는 기대하에서 자신의 행동을 선택

- 베르뜨랑모형(Bertrand model)
  - 각 기업은 상대방이 현재의 가격을 그대로 유지할 것이라는 기대하에서 자신의 행동을 선택

- 굴절수요곡선모형(kinked demand curve model)
  - 자신이 가격을 낮추면 경쟁기업들도 덩달아 가격을 내리는 반면, 가격을 올릴 경우에는 현재가격을 그대로 유지해 고객을 끌어가려 할 것으로 예상

---

99) 과점시장을 설명하는 이론 중 가장 각광을 받는 이론은 게임이론임.

② 암묵적인 담합체제를 형성한다고 보는 모형

- 가격선도모형(price leadership model)
  - 과점시장 안의 한 기업이 가격을 설정해 놓으면 다른 기업들이 이에 따르는 형태로 암묵적인 담합이 이루어진다고 설명

③ 완전한 담합을 이룬다고 보는 모형

- 카르텔모형(cartel model)
  - 과점시장 안의 기업들이 완전한 담합을 이루어 마치 거대한 독점기업처럼 행동한다고 보는 모형인데, 가맹기업들의 이기적 행위에 의해 와해될 수 있는 원천적 취약성이 존재하고 있음.

5 과점시장과 게임이론

- 게임이론(game theory)은 1944년 폰 노이만(J. von Neuman)과 모겐슈테른(O. Morgenstern)에 의해 본격적으로 제기되었는데, 게임이론에서 경기자들이 승리하기 위해 온갖 전략을 짜내는 것은 과점시장에서 과점기업들이 서로 더 많은 이윤을 확보하기 위해 전략을 세우는 것과 흡사함.

5.1 게임이론이란[100)]

- 경제학에서는 경매의 경우처럼 어떤 행동의 결과가 참여자 자신뿐 아니라 다른 참여자의 행동에 의해서도 결정되는 상황에서 어떻게 행동하는 것이 가장 유리한 지를 분석하는 분야가 있는데, 이를 게임이론이라고 함.
  - 최근에는 경제학뿐 아니라 여러 학문 분야에서 유용하게 사용되고 있음.

100) 조선경제(2007) 참조.

- 경매는 왜 할까?
  - 경매는 참가자들이 부르는 값에 따라 물건의 가격과 주인이 결정되는 방식임. ⇒ 판매자 입장에서는 높은 가격에 팔 수 있고, 사는 사람도 자기가 지불하고자 하는 금액수준에서 살 수 있기 때문에 효율적인 제도라고 할 수 있음.
  - 보통 시장에서 상품을 거래하면 미리 가격을 정해 놓고 사고파는데, 왜 가격을 정해 놓지 않고 경매를 하는 걸까? ⇒ 경매로 거래되는 물품들은 가격을 매기기 어려운 경우가 많기 때문임.
  - 예컨대 이름난 예술가 작품의 경우 많은 사람들이 갖고 싶어 할 수 있지만 사람마다 지불하고자 하는 가격은 다를 수 있으며, 또한 법원의 주택경매처럼 공개적으로 정해진 경매규칙에 따라 판매함으로써 특혜소지를 없애기 위해 사용되기도 함.

- 경매의 종류
  - 먼저 참가자의 제시가격을 공개하느냐, 하지 않느냐에 따라 공개경매와 입찰제로 나눌 수 있음.
  - 공개경매는 예술품이나 농수산물 경매처럼 구매자들이 현장에서 제시된 가격을 즉각 알 수 있도록 진행하는 방식이고, 입찰제는 참가자들이 각자 희망가격을 기재한 서류를 남들이 보지 못하도록 봉투에 넣어서 판매자에게 제출하는 방식임.
  - 또 공개경매는 가격을 점점 올려가느냐 아니면 내려가느냐에 따라 영국식 경매와 네덜란드식 경매로 나누기도 함.[101)]
  - 구매자가 어떤 가격을 제시하는 것이 가장 유리하고 그 결과가 어떤지는 경매방식에 따라 차이가 있는데, 이와 관련된 경매전략을 경제학에서는 게임이론이라는 분야에서 다루고 있음.

- 경매에서 이기기만 하면 좋을까?
  - 여러분이 경매에 참여한다고 생각할 때, 높은 가격을 제시하여 낙찰 받게 된다면 항상 이익일까? ⇒ 이는 경매대상이 되는 물건의 성격에 따라 다를 수 있음.
  - 예술품과 같이 사람마다 기호가 다른 경우라면 다른 사람이 좋지 않게 평가하더

---

101) 영국식 경매는 높은 가격이 나올 때까지 가격을 올려나가서 가장 높은 가격을 부른 사람이 물건을 차지하는 방식으로, 우리가 흔히 알고 있는 방식임. 반대로 네덜란드식 경매는 높은 가격에서 시작하여 희망자가 없으면 가격을 조금씩 내리다가 가장 먼저 높은 가격으로 구매하려는 사람에게 판매하는 방식을 말하는데, 과거 네덜란드에서 튤립이 거래될 때 사용되던 방식에서 유래했다고 함.

라도 어떤 사람은 자신의 취향에 맞을 수도 있어 좋아하는 예술품이라면 거액을 주고 살 수도 있음. ⇒ 이렇게 본질적으로 평가가 다를 수밖에 없는 물건의 경우, 자신이 주관적으로 생각하는 가치만큼을 경매가격으로 제시하여 낙찰 받을 수 있다면 만족할 수 있을 것임.

- 하지만 경매대상의 객관적 가치가 존재하지만 정보부족 등으로 참가자마다 평가가 다른 물건의 경우에는 사정이 다를 수 있음.
- 예를 들어 원유채굴권에 대한 경매가 이루어진다고 하면 그 매장량에 대해서는 실제 채굴하기 전까지 정확하게 알 수 없기 때문에 경매 참가자들은 여러 조사를 근거로 추정만 할 수 있을 것임. ⇒ 경매를 하게 되면 매장량을 가장 많게 보고 높은 금액을 쓴 기업에게 권리가 돌아갈 테지만, 실제 채굴해 보니 당초 기대보다 못해 오히려 손해를 보는 경우가 생길 수도 있음. ⇒ 경매이론에서는 이를 '승자의 저주 혹은 불행'(winner's curse)이라고 하는데, 즉 경매대상에 지나치게 높은 가격을 제시했기 때문에 경매에 이기고도 손해를 보는 현상을 가리킴.

5.2 | 게임의 분류

① 순차적 게임

- 순차적 게임(sequential move game)은 순서에 따라 상대방의 전략을 확인한 후 자신의 최적전략을 결정하는 방식으로 바둑, 오목, 테니스, 골프 등의 경기에서 나타나는 게임형태임.

- 순차적 게임에서는 보통 먼저 움직이는 사람이 더 유리함.

② 동시적 게임

- 동시적 게임(simultaneous move game)은 경기자들이 동시에 자신의 최적전략을 내놓는 형태의 게임을 말함.

- 과점기업 간의 게임은 대부분 동시적 게임이라고 할 수 있음.

- 동시적 게임은 한 시점에서 경기가 끝나므로 정태적(static) 경기라고 하며 순차적 게임은 시간의 흐름에 따라 경기가 이루어지므로 동태적(dynamic) 게임이라고 함.

5.3 | 게임의 균형

- 게임에서 각 경기자가 자신의 선택을 더 이상 변경시킬 이유가 없을 때 게임은 균형에 이르렀다고 하며, 이때 두 경기자가 선택한 전략의 쌍을 해(solution)라고 하며 해를 얻어 각자 자신의 보수를 받으면 게임은 종료됨. 게임의 균형으로는 여러 가지가 있는데, 잘 알려진 것으로는 우월전략균형과 내쉬(Nash)균형이 있음.[102)]

5.4 | 우월전략균형

① 의미

- 우월전략(dominant strategy)이란 상대방의 전략에 관계없이 나에게 최선인 전략을 말하며 나의 우월전략과 상대방의 우월전략이 각각 존재할 때 우월전략들의 쌍을 우월전략균형이라고 함.

- 어떤 게임상황에서는 우월전략균형이 존재하지 않을 수도 있음.

② 사례 : 용의자의 딜레마[103)]

- 예를 들어 〈표 9-1〉의 '용의자의 딜레마'(prisoner's dilemma)에서 보수행렬(payoff matrix)[104)]의 숫자는 각자의 형량을 나타내는데, 두 용의자는 범죄경력이 많은 자들로서 이번 범죄에서 자신들이 체포되었을 경우 혐의를 자백하거나 부인할 경우 각자가 받게 될 형량을 잘 알고 있음.
  - 따라서 두 사람은 범죄를 계획할 때 체포되면 끝까지 혐의를 부인하기로 약속을 했다고 하자.

---

102) 이는 여러 가지 균형 가운데 안정적 균형의 개념이라고 할 수 있음.

103) 한마디로 용의자 1과 용의자 2는 서로 신의를 지키는 경우 가장 낮은 형벌을 받을 수 있지만, 서로 배반하는 쪽을 택함으로써 더 무거운 형벌을 받게 된다는 것임. 즉 용의자의 딜레마는 간단함. 두 용의자가 각자 범행을 부인하면 증거가 없어 모두 풀려날 수 있는데, 상대방이 죄를 인정하고 자신만 부인하면 혼자 더 강한 처벌을 받을까 두려워 결국 2명 모두 죄를 자백하고 만다는 것이 그 내용임. 이 같은 '비극적' 결과가 도출되는 것은 양자가 협조할 수 없는 환경에서 비롯됨. 양자를 같은 곳에서 취조한다면 눈짓 등으로 부인하자는 모의를 할 수 있지만, 서로 격리돼 있으면 이 같은 협조는 불가능해지고 결국엔 딜레마에 빠지게 됨. 이와 관련하여 매일경제(2009.04.10) 참조.

104) 게임의 결과 각 경기자에게 귀속되는 몫을 보수라고 하는데, 이러한 보수를 모아 정리한 표를 보수행렬이라고 말함.

〈표 9-1〉 용의자의 딜레마

Payoff matrix		용의자 2	
		자백(A)	부인(B)
용의자 1	자백(X)	(−3, −3)	(0, −6)
	부인(Y)	(−6, 0)	(−1, −1)

- 〈표 9-1〉에서 보듯이 두 사람이 끝까지 혐의를 부인하면 증거 불충분으로 각자 1년형을 살게 됨.

- 두 사람은 범행 후 모두 체포되어 분리된 장소에서 심문을 받게 되었는데, 용의자 1은 용의자 2가 부인하든 자백하든 자백하는 것이 더 형을 적게 살기 때문에 용의자 1의 우월전략은 자백이 됨.
  - 마찬가지로 용의자 2는 용의자 1이 부인하든 자백하든 자백하는 것이 자신의 최적전략이고 우월전략임.

- 두 용의자의 우월전략균형은 (자백, 자백)이며 이때 두 용의자의 보수는 (−3, −3)이 됨.
  - 그런데 두 용의자가 취한 우월전략균형은 파레토열위(Pareto inferior)인데, 왜냐하면 (−1, −1)의 보수를 주는 (부인, 부인)전략이 보다 나은 전략으로 파레토우위(Pareto superior)이기 때문임.

- 그러므로 비협조적 게임은 경기자의 최적선택이 파레토열위일 수 있다는 문제점을 던져줌.

- 사실 두 용의자는 우월전략균형인 (−3, −3)보다 더 나은 보수를 주는 (−1, −1)을 서로 약속했으나 지키지 않았는데, 왜 그랬을까?
  - 그것은 그들의 약속이 신뢰가 없었기 때문임.

- 만일 출옥 후 배신자에 대한 엄청난 보복이 가능하다고 한다면 끝까지 부인하기로 한 약속이 지켜졌을 것임.
  - 즉 신뢰할 만한 위협(credible threat)이 있을 경우 약속이 지켜질 것이고 파레토최적[105]도 달성될 수 있음.

105) 파레토최적(Pareto optimum)이란 시장효율성 판정기준의 하나로서 다른 사람의 효용을 빼앗지 않고는 나의 효용을 증가시킬 수 없는 상태를 말하는데, 시장에 의한 자원배분이 효율적으로 이루어지지 못했을 때 파레토최적이 달성되지 못하며, 우리는 이를 시장의 실패가 일어났다고 말함.

5.5 | 내쉬균형

① 의미

- 내쉬균형은 수학자이며 1994년 노벨경제학상 수상자인 내쉬(J. F. Nash)에 의해 1950년과 1951년에 제시된 균형의 한 형태임.

- 내쉬균형이란 상대방의 전략이 X일 때 나의 최선의 대응전략은 A이고, 나의 전략이 A일 때 상대방의 최선의 대응전략이 X라면 두 사람의 전략쌍인 (A, X)를 내쉬균형이라고 함.[106]
  - 우월전략균형은 내쉬균형이지만 내쉬균형이 우월전략균형인 것은 아님.
  - 즉 우월전략균형은 내쉬균형에 포함되는 균형 개념임.

② 사례

- 〈표 9-2〉에서 보수행렬 내 숫자는 각 기업의 이윤이라고 할 때 기업 A의 우월전략은 가격인하이지만, 기업 B는 우월전략이 없음을 알 수 있음.[107]
  - 이때 (120, 30)은 우월전략균형은 아니지만 내쉬균형임.

〈표 9-2〉 과점기업의 균형 : 예1

Payoff matrix		기업 B	
		가격유지	가격인하
기업 A	가격유지	(100, 40)	(50, 60)
	가격인하	(120, 30)	(70, 20)

106) 영화 '뷰티풀 마인드'의 실제 주인공으로 유명한 게임이론의 대가 존 내쉬. 학창시절 술집에서 금발 미녀를 둘러싸고 벌이는 친구들 간 경쟁을 지켜보던 그는 섬광 같은 직관으로 '균형이론'의 단서를 발견함. 남자들이 동시에 예쁜 금발의 여자 1명에게 데이트를 신청하면 단 1명만 선택될 뿐임. 금발의 여자에게 거절당한 남자들이 '차선'의 다른 여자들에게 우르르 몰려가면 어떻게 될까. 결과는 '안 봐도 비디오'임. 금발의 미녀에게 퇴짜 맞는 것을 지켜보았기 때문에 자존심이 상해 고개를 가로저을 것임. 내쉬는 차라리 모든 남자들이 금발의 여인을 포기하고, 처음부터 보통 여자들과 짝을 맞추는 것이 낫다고 생각. 존 내쉬는 상대방이 어떤 결정을 내릴지 알고 최적전략을 선택할 때 균형에 이를 수 있음을 보여주는 균형이론을 발전시켜 1994년 노벨경제학상을 수상했음. 이와 관련하여 매경이코노미(2008.04.16) 참조.

107) 기업 B는 기업 A가 가격유지 시 가격인하가 좋고, 기업 A가 가격인하 시 가격유지가 좋기 때문에 우월전략이 없음.

- 게임상황에서 내쉬균형은 없을 수도 있고, 한 가지 이상 존재할 수도 있음.
  - 〈표 9-3〉에서는 기업 A와 B 모두 우월전략은 존재하지 않지만 내쉬균형은 보수행렬에서 (100, 100)와 (50, 50)의 두 개나 존재함.

- 두 기업은 서로 협조하여 가격을 인하함으로써 파레토우위인 (100, 100)을 달성하는 것이 최선임.

- 그러나 만일 기업 A가 가격을 인하했을 때 기업 B가 가격을 유지하면 (30, 80)으로 A는 B에 비해 큰 손해를 봄.
  - 반대의 경우라면 기업 B가 큰 손해를 봄.

- 결국 두 기업은 서로의 약속을 완전히 믿을 수 없는 한 현재와 같은 가격유지에 머물러 있을 가능성이 높은데, 이것을 거시경제학에서는 조정실패(co-ordination failure)[108)]라고 부름.
  - 즉 서로 믿고 협조하면 파레토우위를 얻을 수 있으나 조정실패가 일어나면 파레토열위를 얻게 되는 것임.

〈표 9-3〉 과점기업의 균형 : 예2

Payoff matrix		기업 B	
		가격인하	가격유지
기업 A	가격인하	(100, 100)	(30, 80)
	가격유지	(80, 30)	(50, 50)

5.6 | 협조적 과점의 가능성

- 경기자들이 경제적 합리성에 입각해 자신의 전략을 선택할 경우 파레토우위를 달성하지 못할 수도 있음은 용의자의 딜레마에서 살펴본 바 있음.

- 협조적 과점이 비협조적 과점보다 참여자에게 보다 많은 보수를 줌으로써 어떻게 협조적 과점을 형성할 수 있는가 하는 것이 관건이 되는데, 협조적 과점의 성공 여부는 약속을 강제할 만한 위협이 있는가와 직결됨.

- 게임이 일회성 게임이 아니고 되풀이되는 반복게임인 경우 약속을 어겼을 때 다음 경기에서 보복을 할 수 있기 때문에 약속이 지켜질 가능성이 그만큼 높음.

108) 서로 믿지 못해 협조하지 않음으로써 파레토열위를 얻게 되는 상황을 말함.

6 독점적 경쟁시장의 이론

6.1 특 성

- 다수의 공급자가 존재
  - 완전경쟁시장과 유사
- 진입장벽이 없음.
  - 장기에서 각 기업의 이윤은 0
  - 완전경쟁시장과 유사
- 상품차별화 현상이 나타남.
  - 자신의 상품에 대해 어느 정도의 독점력을 보유
  - 개별기업은 우하향하는 수요곡선에 직면
  - 독점시장과 유사

6.2 독점적 경쟁시장의 균형(독점적 경쟁기업의 이윤극대화 조건)

- 약간의 시장지배력은 가지고 있음.
  - 가까운 대체재가 많기 때문에 제한된 범위 내에서 가격결정권 행사
- 독점적 경쟁기업은 매우 완만하게 우하향하는 수요곡선에 직면
  $\Rightarrow P > MR$
- 이윤극대화 조건
  - $MR = MC$
- 장기로 가면 진입과 이탈의 자유로 인해 이윤은 0이 됨.

6.3 자원배분의 특징

- 자원배분의 비효율성 존재 : $P > MC$
  - 보다 적은 생산량을 한계비용보다 높은 가격으로 판매
  - 그러나 독점적 경쟁기업의 경우 그 차이가 크지 않기 때문에 자원배분의 비효율성 문제는 크지 않음.

- 광고나 상품차별화를 통한 비가격경쟁이 일어날 가능성이 매우 큼.

- 상품차별화가 소비자 후생에 미치는 영향
  - 긍정적 측면 : 차별화를 통해 소비자의 다양한 기호에 부합하는 갖가지 상품이 생산될 수 있음.
  - 부정적 측면 : 자원을 낭비하는 결과 초래(광고나 상품차별화를 위한 비용 지출이 아무런 수요 증가의 효과 없이 생산비만 증가시킬 경우)

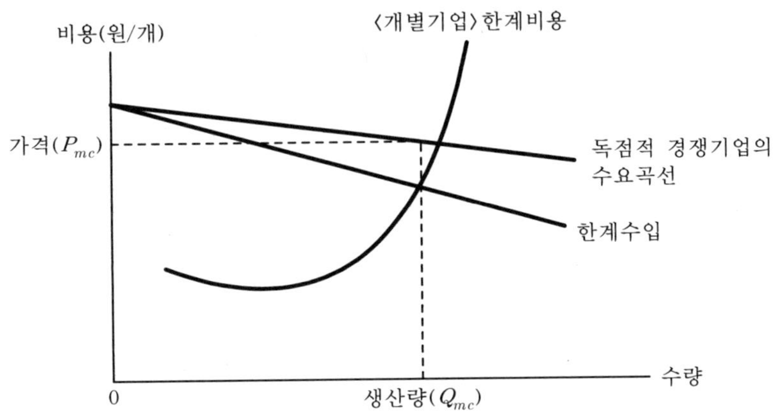

[그림 9-5] 독점적 경쟁기업의 생산량과 가격결정[109)]

109) 독점적 경쟁기업은 완만하지만 우하향하는 수요곡선을 마주하게 되고, 생산량과 가격결정도 독점기업과 마찬가지로 2단계 방식에 의해서 결정됨. 그러나 독점기업과는 달리 시장지배력이 제한적이기 때문에 자원배분의 비효율성 문제도 독점에 비해서는 미미함.

- 초과생산능력의 존재(수요곡선이 우하향하기 때문에 발생)
  - 기존설비가 과소 이용되고 있다는 것임.
  - 평균비용의 최저점에서 생산이 이루어지지 않고 최저평균비용보다 높은 비용수준에서 생산이 이루어짐.
  - 더 생산하면 평균비용을 낮출 수 있는데도 더 생산하지 않는다는 의미(왜냐하면 손실이 발생하기 때문)

참고자료

(1) 이준구 · 이창용(2012), 《경제학 들어가기》, 법문사.

(2) 안홍식(2012), 《경제학원론》, 삼영사.

(3) 김승욱 외(2008), 《알짬 시장경제》, 박영사.

(4) 윤영걸(2008), "게임이론으로 본 증시", 《매경 Economy》 제1451호, 2008. 4. 16.

(5) 2007. 06. 15., 《조선경제》

(6) 2009. 04. 10., 《매일경제》

부록 [9-1] 담합의 경제학

1. 담합이란

- 기업들끼리 서로 합의하여 가격을 일방적으로 정하는 경우가 발생하는데 이를 담합행위라고 함.
  - 시장에서 경쟁을 통해 공정한 가격이 결정되도록 하는 대신, 몇 개 기업이 물건의 가격을 동시에 올려 판매함으로써 더 많은 이익을 얻으려 하는 것임.

- 다시 말해 담합이란 다른 사업자와 서로 짜고 물건의 가격이나 생산량 등을 조정하는 방법으로 제3의 업체에 대해 부당하게 경쟁을 제한하거나, 이를 통해 부당한 이익을 챙기는 행위를 말함.
  - 당연히 이는 대부분의 나라에서 경쟁을 제한하는 불법행위로 규정돼 있고, 우리나라에서도 '독점규제 및 공정거래에 관한 법률(공정거래법)'에 의해 엄격히 금지되어 있음.

- 예전에 정부는 정유회사들이 담합행위를 해서 유류의 판매가격을 공동으로 올린 사실을 발견하고 그 회사들에게 벌금을 부과하였으며, 어떤 기업들은 자신들이 담합행위를 했다고 자진신고하기도 함.

2. 가격결정방식

- 시장이란 사람들이 물건을 사고팔기 위해 만들어진 공간

- 흔히 재래시장과 같이 많은 가게들이 모여 있는 곳들만 시장이라 생각하기 쉽지만, 주식시장이나 인터넷 쇼핑몰도 시장이라 할 수 있음.
  - 사람들이 멀리 떨어져 있는 상태에서도 인터넷이나 전화를 이용하여 물건을 사거나 팔 수 있기 때문

- 가격은 바로 이러한 시장에서 결정됨.
  - 흔히 '가격은 수요와 공급에 의해 결정된다'라고 말함.
  - 시장은 이러한 소비자(=수요)와 생산자(=공급)가 만나서 자신의 가격을 제시할 수 있는 공간이며, 소비자와 생산자 양쪽 모두가 만족할 수 있는 수준에서 물건의 가격을 결정할 수 있게 도와줌.

3. 공정경쟁의 이익

- 시장이 존재하기 때문에 기업들은 돈을 많이 벌기 위해 마음대로 제품의 가격을 올릴 수 없음.
  - 시장에는 비슷한 제품을 판매하는 수많은 기업들이 있어 어느 한 기업이 너무 높은 가격으로 물건을 팔려고 한다면 하나도 팔지 못하게 됨.
- 예를 들어 많은 기업이 비슷한 옷을 1만 원에 팔고 있는데, 한 기업만 2만 원에 팔려고 한다면 그 기업은 옷을 팔 수 있을까? ⇒ 그런 일은 아마 없을 것임.
- 그러면 기업은 어떻게 해야 많은 이익을 남길 수 있을까?
  - 해답은 다른 기업들보다 질은 더 좋고 값은 더 싸게 물건을 만들어서 많은 소비자들이 그 물건을 사게끔 하는 것임.
  - 그래서 요즘 모든 기업들은 기술개발을 위해 많은 돈을 투자하고 고객들에게 친절한 서비스를 제공하기 위해 노력하고 있음.
  - 이러한 행동들 모두가 다른 기업들과의 경쟁에 이기기 위한 것임.
- 이와 같이 기업들의 공정한 경쟁은 우리들에게 많은 이익을 주고 나아가 우리 경제가 발전해 나가는 원동력이 됨.
  - 기업들이 경쟁하는 과정에서 시장에는 예전보다 더 좋은 물건이 등장하게 되고 물건들의 값도 싸지게 됨.
- 결국 우리는 기업들의 공정한 경쟁 덕분에 적은 비용으로 더 좋은 물건을 살 수 있는 혜택을 누리게 되는 것이며, 우리나라의 제품들이 더 좋아지게 되면 다른 나라에 더 많이 수출할 수 있으니 우리나라의 경제에도 도움이 되는 것임.

4. 담합은 소비자 피해 유발

4.1 담합의 유혹

- 기업들은 종종 담합(카르텔)이라는 유혹에 빠짐.
  - 경쟁이 체질적으로 싫기 때문
  - 동종 업체들끼리 뭉쳐서 경쟁을 자제하고 가격을 공동 인상한다면 업체들은 조용히 이윤을 챙길 수 있게 됨.
- 다시 말해 현실의 과점시장에서 사업자는 이윤을 극대화하기 위해 담합행위를 수시로 저지르고 싶은 유혹을 벗어날 수 없음.

• 담합을 통해 사업자는 자유로운 경쟁을 피하고 사실상 독점과 같은 높은 가격을 설정하여 소비자에게 희생을 강요하고, 소비자가 누려야 할 이익을 사업자의 이윤으로 전환시키기 때문임.

- 게임이론에 의하면 담합은 오래가지 못하고 깨지게 되어 있다고 가르침. ⇒ 이른바 '용의자(죄수)의 딜레마'에서 보듯이 먼저 약속을 깬 사람이 상대방보다 더 큰 이득을 보게 된다는 것이지만, 이는 게임이 일회성일 때 해당되는 이야기임. ⇒ 만약 게임이 반복되고 게임 참여자들 사이에 신뢰가 형성되면 담합은 의외로 오래 지속될 가능성이 큼.

- 기업들이 치열한 경쟁에서 살아남으려면 지속적인 원가절감 노력을 통해 가격을 낮추고 대대적인 마케팅 전쟁을 벌여야 함.

- 경쟁의 비용은 기업이 부담하지만 경쟁의 열매는 소비자에게 돌아감. ⇒ 그래서 경쟁을 해치는 담합은 시장경제 제1의 적으로 불림.

4.2 담합의 폐해

- 담합을 통해 경쟁 사업자들은 상호경쟁을 억제하고 독점이윤을 추구함으로써 시장가격 상승을 초래함.
  • 따라서 소비자들은 업체들의 담합으로 인해 더 높은 가격을 지불해야 하고, 일부 소비자들은 높은 가격 때문에 구매량을 축소하거나 구매 자체를 포기하게 됨.

- 담합으로 인한 가격상승과 소비자 후생 감소는 경쟁과 가격메커니즘을 통해 효율성을 추구하는 시장경제의 기본 작동원리에 중대한 도전임.
  • 담합한 사업자들은 품질이나 생산기술 향상 노력을 소홀히 하게 됨.

- 결국 이윤이라는 사익을 추구하는 기업들의 행위가 궁극적으로 사회후생을 극대화시킨다는 경제학 이론은 기업들이 가격이나 품질 경쟁을 통해서 이윤을 극대화시킨다는 근본적인 가정을 전제로 한 것임.

- 가격이나 품질 경쟁이 아닌, 사회후생의 감소를 야기하는 부당한 수단을 통한 기업의 이윤추구 행위는 시장경제체제에서 정당화될 수 없을 뿐 아니라 시장경제체제의 원활한 작동에 중대한 도전이 됨.

5. 담합은 '제1의 적'

- 공정거래위원회가 시장지배적 사업자의 지위 남용이나 독과점 횡포·내부거래 등 다른

불공정거래 행위보다 담합을 더 나쁜 행위로 인식하고 카르텔 근절에 경쟁법 집행의 1순위를 부여하는 것도 앞서 언급한 담합의 폐해 때문임.

- 세계 각국의 경쟁 당국은 담합행위에 대한 규제를 가장 중요한 과제로 인식하고 있음.

- 미국 법원들은 경쟁정책의 공적 1호(supreme evil)로 규정하고 있고, 담합행위는 중죄(felony)로 취급

- 경제협력개발기구(OECD) 권고에서도 담합을 가장 죄질이 나쁜 경쟁법 위반행위로 규정
  - 가격을 공동으로 결정하는 행위뿐만 아니라 상품의 판매조건 등의 공동결정, 상품의 생산·출고 등의 제한, 거래지역·거래상대방의 제한, 상품 종류·규격 등의 제한, 공동회사 설립, 사업활동 제한 등도 담합으로 분류
  - 이 가운데 가격조절 행위가 담합 적발 사례의 대부분(75.4%)을 차지

6. 소비자 피해만큼 과징금 부과

- 담합행위의 시정조치 일환으로 과징금이 부과되기도 하는데 과징금은 원칙적으로 소비자 피해를 금전적으로 산출해 구해짐.

- 실제로 소비자 폐해금액을 정확히 산출하기 위해서는 많은 정보를 필요로 함.
  - 즉 담합이 없는 상황에서의 경쟁가격, 담합가격과 경쟁가격 사이의 가격변동에 따른 수요변화 등과 같은 정보가 필요하며, 이러한 가상상황에서의 가격 및 수요 정보는 관측되는 것이 아니므로 많은 통계자료를 이용해 추정되어야 함.

- 그러나 현실적으로 이러한 풍부한 자료를 가용하지 않는 사례가 흔하므로 흔히 활용가능한 단순한 방식으로 소비자 폐해금액이 산정되고, 이러한 산정방식을 둘러싸고 많은 논란이 있을 수 있음.

- 현재 공정거래법에는 과징금의 상한으로 관련 매출액의 10%를 설정하고 있음.

7. 담합 적발 크게 늘어

- 공정거래위원회는 2007년 2월 21일 SK 등 4개 정유사들의 휘발유·등유·경유 판매가격 담합행위에 대해 총 526억 원의 과징금을 부과하고, 이들 4개 법인을 검찰에 고발하기로 의뢰한 바 있음.

- 또한 2007년 2월 14일에는 10개 합성수지 제조판매 회사들의 가격 담합행위에 대해 시정명령과 과징금 1051억 원을 부과하고, 이 중 5개 회사를 검찰에 고발했음.

- 2007년 초반시점까지 그 이전 25년간 부과된 과징금이 7516억 원인데, 이 가운데 2005년 한 해 과징금 액수가 2493억 원에 이름.
  - 담합 적발이 늘고 과징금이 급증하는 까닭은 행정지도 위주의 관행에서 벗어나 시장경제체제가 성숙해 가는 전환기적 상황에서 비롯된 측면이 강함.
  - 그러나 보다 직접적인 주된 이유는 법 집행이 느슨하여 기업에 부과하는 과징금이 담합으로 얻는 이익에 비해 형편없이 적기 때문임.

- 한편 2014년에도 건설사들의 입찰 담합에 대한 뉴스가 심심찮게 나오고 있는데, 대우와 GS건설 등 6개 건설사가 환경시설 공사 입찰과정에서 담합해 100여억 원의 과징금과 시정명령을 부과받았다는 소식에 이어 두산중공업, 대림산업, GS건설, SK, 한화, 삼성물산, 대우 등 이른바 '빅7'이 한국가스공사가 발주한 주배관공사 입찰에서 담합한 결과 3000억 원에 가까운 국고 손실을 가져온 혐의를 잡고 수사 중이라는 소식이 들렸음.
  - 우리나라 건설업의 경우 도급액에 의해 입찰 참가가 제한되기 때문에 소수의 대형 건설사끼리 나눠먹기 입찰을 하게 되는 경우가 비일비재하고, 일단 입찰을 따게 되면 하도급 업체에 엄청난 출혈을 강요하며 이익 챙기기에 바쁨.
  - 경인아라뱃길 공사의 경우 하도급 금액은 원도급액의 31∼59%에 불과하다고 하는데, 담합을 통해 낙찰가를 높이고, 실제 공사는 헐값에 하도급 업체에 넘기는 수법으로 대형 건설사는 자신들의 뱃속을 챙기는 것임.
  - 물론 그 대가는 국민이 부담해야 하는 것임.

- 모든 공동행위가 부당하고 담합에 해당되는 것은 아님.
  - 최근 많은 관심을 끌고 있는 보완적 특허 풀(patent pool)을 통한 기업들의 공동 라이선싱은 친경쟁적이라고 이론적으로나 실무적으로 판단되고 있음.
  - 부당한 공동행위 여부에 대한 판단의 관건은 특정 공동행위가 사회후생, 특히 소비자후생을 감소시키느냐에 달려 있음.

8. 담합 자진신고 활성화

- 기업들의 카르텔을 적발하기 위해 도입된 리니언시(leniency, 자진신고) 프로그램 이 효력을 발휘하고 있음.
  - 1996년 도입돼 2004년 말 개정된 이 제도는 담합사실을 처음 자진신고한 업체에 대해선 과징금을 전액 면제해 주고, 2번째 업체에 대해서는 30%를 감면해 주고 있음.
  - 석유화학업계의 플라스틱 원료가격 담합 사건에서 업계 1위인 호남석유화학은 가장 먼저 담합 사실을 공정위에 자진 신고해 사상 최대규모인 600억 원대로 추산되는 과징금을 면제받고 고발대상에서 제외되었음.

• 조사에 자발적으로 협조한 삼성토탈과 삼성종합화학 역시 과징금을 감면받고 고발도 면했음.
• 공정위는 유화업계 사건 이외에도 리니언시 제도를 활용해 1999년 이후 모두 수십 건의 담합행위에 대해 자진신고를 받았으며, 그 결과 470억 원 이상의 과징금에 대해 면제 또는 경감 혜택을 부여하였음.

- 또 전 세계적으로 카르텔 조사와 처벌 수위가 높아지고 있으며 반도체 D램 가격 담합이 적발된 삼성전자는 2006년 회사 임원이 미국에서 징역형을 받는 등 담합 가담자 개인에 대한 처벌도 병행하는 게 추세임.

9. 마무리

- 공정거래위원회의 엄정한 법 집행에 따른 책임 있는 역할이 요구됨.
  • 일례로 최근 공정거래위원장은 담합으로 처벌을 받은 기업들의 입찰 제한을 완화시키는 방안을 기획재정부와 협의하겠다고 밝힌 바 있음.
  • 이는 담합이 적발된 건설업계의 자정 노력을 존중하고 어려운 기업 현실을 반영한 조치라고 하지만, 국민의 혈세가 기업들의 사리사욕을 위해 줄줄 새는 것을 방치하겠다는 것인지 이해할 수 없음.
  • 세월호 사건이나 총리 사퇴 파동에서 보듯이 요즘 우리나라는 국가 시스템이 제대로 작동하지 않는다는 탄식이 나오고 있음.
- 기업들도 불법적인 담합을 통해 챙긴 이득이 결국 자신들의 아들딸, 부모형제의 호주머니에서 나왔다는 사실을 기억하고, 시장경쟁체제에 부합하는 생산활동에 전념해야 할 것임.

참고자료

(1) 2007. 03. 03., 《매일경제》
(2) 안선경(2007), "교복 값, 왜 비싼가?", 《"click" 경제교육》, KDI경제정보센터, 2007. 03.
(3) 박성하(2007), "공정경쟁과 담합행위", 한국은행 경제교육 청소년 경제나라(Teens 경제), 한국은행 부산본부, 2007. 08. 16.
(4) 양춘승(2014), "담합의 경제학", 《이투뉴스》, 2014. 06. 30.

CHAPTER 10

시장실패와 정부의 역할

경제학이란 것이 실은 수치 하나조차 정치적으로 선택되는 매우 정치적인 학문이며, 정부의 역할이 경제의 핵심 쟁점이라는 점을 일깨워 준다.

– 장하준 케임브리즈대 교수 –

출처 : 김남중(2014), "대중 눈높이에 맞춘 '경제학의 진실'". 《국민일보》, 2014. 07. 18.

시장경제는 우수한 제도이지만 완벽한 것은 아니기 때문에 정부가 역할을 담당해야 하지만, 정부도 완벽한 것은 아니기 때문에 시장기능과 정부기능의 장점을 조화시켜 활용하는 지혜가 필요함.

1 효율성의 의미

- 경제학에서 효율적이라는 말을 쓸 때는 파레토 효율성을 의미하는 것이 보통임.

- 파레토 효율성(Pareto efficiency)이란 어떤 구성원의 후생증대는 타인의 희생을 강요하지 아니하고서는 이룰 수 없는 상태를 의미함.
  - 어떤 자원배분 상태로부터 '누이 좋고 매부 좋은' 새로운 배분 상태를 찾아낼 수 있다면 원래의 배분 상태는 파레토 효율적이 아님.
  - 이득을 보는 사람이 있으면 반드시 손해를 보는 사람도 있는 변화만이 가능할 때, 그 배분 상태를 파레토 효율적이라고 말할 수 있음.
  - 구성원 모두 이득을 보는 새로운 배분 상태를 찾아낼 수 있다면, 원래의 배분 상태는 파레토 효율적이 아님.

2 시장의 실패

- 일정한 조건이 충족될 때 완전경쟁시장에서 효율적인 자원배분이 이루어질 수 있음이 입증되어 있는바, 이는 곧 완전경쟁시장에서는 효율적 자원배분을 위한 조건들이 자동적으로 충족되는 것을 보일 수 있다는 의미임.
  - 자원배분의 기능을 시장에 내맡기면 저절로 효율적인 배분이 달성된다는 것으로 아담 스미스(Adam Smith)가 시장의 힘을 '보이지 않는 손'(invisible hand)에 비유한 것은 바로 이 사실에 근거를 둔 것임.

- 한마디로 시장에 참여한 사람(경제주체)들이 제각각 먹고 살기 위해 열심히 일한 결과 다른 사람들도 혜택을 본다는 것임. ⇒ 파레토 효율성이 달성됨과 동시에 사회적 이득도 극대화됨.

- 그런데 어떤 사람의 이익추구 행위가 공익을 해치거나, 다른 사람에게 피해를 준다면 시장의 실패가 발생하게 됨.

- 이처럼 시장이 제 기능을 다하지 못하는 경우가 종종 발생하는데, 시장이 자원을 효율적으로 배분하지 못하는 경우를 시장의 실패[110]라고 함.
  - 이것의 주요 원인으로는 불완전경쟁, 공공재, 외부성 등을 들 수 있음.

3 시장실패의 주요 원인

3.1 불완전경쟁

- 시장의 힘이 효율적인 자원배분을 가져다준다는 것은 완전경쟁을 전제로 할 때만 타당성을 가짐.

- 따라서 이 전제조건이 충족되지 못할 때 시장이 실패하게 되는 것은 너무나도 당연
  - 독점이나 과점시장과 같은 불완전경쟁 시장으로 인해 시장의 실패가 일어날 가능성이 높은 상황에서는 모든 일을 안심하고 시장에 내맡기기 어려운 것이 사실

110) 시장실패(market failure)의 예는 다음과 같음. ▲ 시장에 맡기면(그냥 놓아두면) 너무 많이 발생 : 다른 사람에게 피해를 주고 그에 대해 보상을 하거나 처벌을 받지 않는 경우(외부불경제, 공유자원 등) ⇒ 시험부정행위, 새치기, 끼어들기, 음주운전, 공해, 환경파괴, 길거리불법주차, 난립한 간판, 천연자원의 남획 ▲ 시장에 맡기면(그냥 놓아두면) 너무 적게 발생 : 남에게 이득을 주지만 보상을 받지 못하는 경우(공공재, 외부경제 등) ⇒ 자원봉사, 집 앞 눈치우기, 예방주사 맞기, 등대, 교통정리, 길안내, 도로 깔기, 다리 놓기, 치안, 국방, 과학기술의 연구개발

3.2 공공재

- 공공재(public goods)란 국방서비스, 공원 혹은 도로처럼 여러 사람이 공동으로 소비하기 위해 생산된 재화와 서비스를 말함.
- 특성
  - 첫째, 소비에서의 비경합성(non-rivalry)으로서 한 사람이 그것을 소비한다 해서 다른 사람이 소비할 수 있는 기회가 줄어들지 않는다는 것임. ⇒ 한마디로 공동소비 가능하다는 의미[111)]
  - 둘째, 소비에서의 비배제성(non-excludability)으로서 대가를 치르지 않는 사람이라도 소비에서 배제할 수 없다는 것임.
- 공공재가 갖는 이러한 특성 때문에 이에 대해 양(+)의 가격을 매기는 것이 가능하지도 않고 바람직하지도 않게 됨. ⇒ 정부가 직접 생산, 공급
  - 비배제성 때문에 무임승차자(free-rider)가 존재하여 양의 가격을 매겨도 받을 수 없음.
  - 비경합성, 즉 소비자 수가 늘어나도 아무런 추가적 비용이 발생하지 않기 때문에 한계비용이 0이 되어 양의 가격 책정이 비효율적이 될 수 있음.
- 공공재의 또 다른 문제로 정부가 얼마만큼을 생산하는 것이 적절한지 쉽지 않음.
  - 소비자들의 진정한 선호체계를 알아내는 것이 어렵기 때문
  - 정부가 사람들의 선호를 정확하게 파악하지 못한다면 정부가 선택한 공공재의 생산수준은 비효율적이 될 수밖에 없음.
  - 공공재에 대한 진정한 선호를 표출하게끔 유도하는 것이 중요한 과제로 등장

3.3 외부성

- 어떤 사람의 행동이 제3자에게 의도하지 않은 혜택이나 손해를 가져다주면서 이에 대해 대가를 받지도 지불하지도 않을 때 외부성(externalities)이 생긴다고 말함.[112)]
  - 대가를 주고받지 않으므로 시장의 테두리 밖에서 일어난다고 보아 외부성이라는 이름을 붙였음.

---

111) 사적 재화(private goods)는 한 사람의 소비가 타인의 소비 가능성을 줄여줌. ⇒ 경합적

112) 이득을 주는 경우를 외부경제(external economy)라고 하고, 손해를 입히는 경우를 외부비경제(external diseconomy)라고 함.

• 외부성은 생산과정에서 일어날 수도 있고 소비과정에서 일어날 수도 있으며, 해로운 것뿐 아니라 이로운 것도 있을 수 있음.

- 외부성의 대표적 사례 : 환경오염
  - 오염물질을 배출하는 측의 관점에서 보면 그와 같은 행위에 아무런 비용이 따르지 않는 것처럼 보이게 됨.
  - 그렇기 때문에 공기나 물을 오염시키는 물질을 마구 내버리는 현상이 일어나는 것임.
  - 만약 그들이 오염물질을 방출하는 행위에 대해 어떤 대가를 치러야 한다면 훨씬 더 조심해서 내버리게 될 것이 분명함.
- 결국 사회적 비용(사회적 한계비용)과 사적 비용(사적 한계비용)이 다르기 때문에 (PMC＜SMC) 비효율적인 자원배분이 발생하게 되는 것임.[113)]
- 외부성의 내부화 방안
  - 조세 - 보조금
  - 폐수가격이 존재한다면 가능
  - 코즈 정리(Coase theorem)

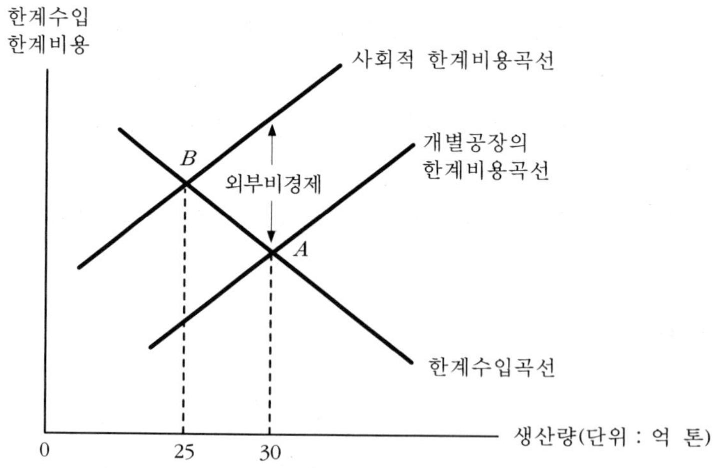

[그림 10-1] 외부비경제의 경우 : 생산량 결정원리[114)]

---

113) 이는 구체적으로 외부비경제(혹은 외부불경제)에 해당됨. 한편 외부경제의 경우에는 사적 한계수입과 사회적 한계수입이 다르기 때문에(PMR＜SMR) 자원배분의 효율성이 충족 안 됨.

114) 개별공장의 매연 배출로 인한 사회적 비용은 이 공장에게 비용으로 간주되지 않기 때문에 지나치게 많이 생산됨. 외부경제의 경우 생산량 결정원리는 각자 생각해 보기 바람.

4 정부의 역할

- 시장경제의 장점을 극대화하기 위한 제도적 장치 유지[115] ⇒ 법치주의 확립
  - 재산권(사유재산)의 보호
  - 경제활동(계약)의 자유 보장
  - 공정하고 자유로운 경쟁 확립
- 시장의 불완전성(시장의 실패)을 보완
  - 시장의 실패가 나타날 때 정부가 개입해야 할 필요성이 생길 수 있음.
  - 사례 : 외부효과 규제와 공공재의 공급, 그 밖에 반드시 시장의 실패 때문은 아니지만 경기변동의 조절과 물가 안정, 경제성장의 촉진(빈곤 해소), 취약계층의 보호 등
  - 시장의 실패로 인해 생긴 비효율성을 시정한다는 명목으로 정부가 개입했을 때 언제나 더 좋은 결과를 얻을 수 있다는 보장이 없음.
  - 따라서 정부의 개입은 이로 인해 더욱 효율적인 결과를 얻을 수 있을 경우에 한해 그 정당성을 인정받을 수 있음.
- 정부의 개입 그 자체가 비효율성을 가져오는 원인이 될 수 있을 뿐 아니라 개입의 효과가 엉뚱한 방향으로 나타날 수 있을 때 정부의 실패(government failure)가 발생했다고 말함.

5 정부 개입의 구체적 유형

5.1 직접적 행동

- 특정한 재화나 서비스를 생산해 국민에게 공급

115) 비유 : 놀이터를 잘 만들어 주면 놀이터에서 재미있게 노는 방법은 어린이들이 더 잘 암.

- 국방서비스, 경찰서비스, 도로, 공원 등 공공재의 성격을 갖기 때문에 직접 생산, 공급하는 경우
- 민간부문의 시장은 공공재의 성격을 갖는 재화나 서비스를 효율적으로 배분하지 못하기 때문에 정부가 직접 행동해야 할 필요성을 느낀다고 볼 수 있음.

- 그렇다고 해서 정부가 생산, 공급하는 모든 것들이 공공재의 성격을 갖는 것은 아님.
  - 정부가 공급하는 사용재 중에는 가치재(merit goods)[116]의 성격을 갖고 있는 것들이 많음.
  - 예를 들어 무주택자들에게 주택서비스를 제공한다든가 결식아동들에게 무료급식을 제공하는 것들이 모두 가치재라는 이유에서 정부가 개입하게 되는 사례라고 할 수 있음.

5.2 유인의 제공

- 민간부문에 단지 유인(incentive)만을 제공해 원하는 방향으로 이끌어 가는 개입방식
  - 투자 촉진을 위해 조세나 금융상의 혜택을 제공하는 것
  - 에너지 절약이나 환경보호를 위해 휘발유나 경유에 특별소비세를 부과하는 것

5.3 민간부문의 행동을 규제

- 정부가 개인이나 기업의 행동에 일정한 제약을 가하는 방식으로 규제(regulation)를 실시하기도 함.
  - 규제의 목적으로는 소득재분배, 소비자보호, 환경보호, 국민의 건강보호, 공정거래질서유지 등 다양한 것이 있음.
  - 그런데 정부의 규제는 기본적으로 경직성 이외에 자의성을 띠는 경우도 많아 적지 않은 비용을 수반할 가능성이 있음.

- 또한 정치적 여건에 따라 규제의 실제 효과가 원래 의도와 다르게 나올 수 있는 여지도 있음.

---

116) 정부가 생각하기에 모든 사람이 그것을 충분하게 소비하는 것이 바람직하다 하여 소비를 권장하는 재화나 서비스를 말함.

• 정부가 과열경쟁을 막는다는 이유로 신규기업의 진입을 억제하는 규제를 실시하는 것을 종종 보게 됨.
• 정부의 진정한 의도가 어디에 있든 간에 이와 같은 규제는 기존기업의 이익에 봉사하게 되는 결과를 빚기 쉬움.

- 나아가 정부규제의 남발은 지대추구행위(rent seeking activities)[117]를 성행하게 만드는 점에서 문제가 있음.
  • 지대를 얻기 위해서는 관료들의 협조가 필요하기 때문에 지대추구행위는 필연적으로 관료의 부패를 가져오게 됨.
  • 규제가 많을수록 지대추구행위가 성행하게 되고, 이에 따라 관료들의 부패문제도 더욱 심각해짐.

6 정부실패의 원인

6.1 제한된 정보와 지식

- 정부가 갖고 있는 정보와 지식의 제약 때문에 어떤 정책을 실행에 옮기려 할 때 그것의 귀결을 완벽하게 예견할 수 없는 경우가 있음.
  • 이런 상황에서 정부의 정책이 원래 의도한 성과를 거두기는 무척 힘들 것이 분명

6.2 민간부문 반응의 통제 불가능성

- 정부는 민간부문이 특정한 반응을 보일 것이라는 기대 아래 정책을 수행하게 되지만 정책이 실천에 옮겨진 다음에 나타나는 민간부문의 반응은 기대한 바와 판이하게 다를 수 있음.

---

117) 지대란 한 사회 안에서 주인 없이 떠도는 이권을 뜻하며, 이것을 서로 먼저 차지하기 위해 노력하는 것을 지대추구행위라고 부름. 보다 상세한 설명은 이승훈(2013) 참조.

6.3 정치적 과정에서의 제약

- 상반된 이해관계를 갖고 있는 집단들이 정치적으로 타협을 모색하는 과정에서 정책이 엉뚱한 방향으로 변질될 가능성이 있음.
  - 환경을 보호하자는 취지의 정책이 자원을 개발하는 데 더 관심이 많은 집단의 영향 때문에 오히려 환경을 파괴하는 정책으로 변질되는 것이 그 좋은 예임.

6.4 관료조직의 문제

- 관료들도 사람인지라 공익보다 자신의 이익을 먼저 챙기려고 노력할 가능성이 있음.
  - 관료들이 이와 같은 태도를 보일 때 정부의 정책이 기대한 성과를 거둘 수 없음은 두말할 나위도 없음.

7 정부실패의 치유책

7.1 제도 개혁

- 제도상의 결함이 비효율성을 낳는 원인이 되는 사례[118]가 상당히 많은데, 이 경우라면 제도의 개혁을 통해 획기적인 개선을 기대해 볼 수 있음.

7.2 적절한 유인의 제공

- 정부부문의 경우 성과를 평가할 수 있는 명백한 기준이 존재하지 않아 효율적인 운영을 어렵게 만드는 경우가 많음.

118) 관료조직의 비대화, 역할분담의 불명확성, 상호견제기능의 미비 등을 들 수 있음.

• 관료사회에서는 승진이나 보수 등의 처우가 매우 경직적으로 운영되고 있는데, 이것이 비효율성의 원인이 되는 경우가 많음.

- 관료들이 자발적으로 열심히 일하게끔 유도하기 위해서는 열성적인 노력에 대해서는 후한 상을 주고 태만한 자세에 대해서는 가차 없이 벌하는 유인구조를 도입해야 함.

7.3 경쟁의 도입

- 정부부문의 비효율성은 경쟁이 존재하지 않는다는 사실에 그 상당한 이유가 있음.
  • 경쟁에서 오는 압력을 느끼지 않기 때문에 방만한 운영을 하게 될 가능성이 높음.

- 따라서 다른 부처와의, 또는 민간부문과의 경쟁체제를 도입함으로써 효율적인 운영을 하도록 유도하는 것이 필요

8 환경의 문제

8.1 공유지의 비극

- 모두가 함께 사용할 수 있는 공유지는 아무도 아껴 쓰려고 노력하지 않으므로 머지않아 황폐해지고 마는 현상을 가리키는 말
  • 개인이 소유하는 땅에는 풀들이 무성한데 공유지는 죽어가는 풀들 사이로 누런 흙이 보기 싫게 드러나 있기 십상임.

- 한강은 모든 국민의 소유라는 막연한 개념만 있을 뿐 어느 누구도 소유권을 갖고 있지 않기 때문에 그렇게 마구잡이로 오염물질을 버리는데도 어느 누구 하나 말리려 들지 않는 것임.
  • 설악산이나 지리산의 나무를 마구 베고 들짐승을 무자비하게 죽여 메마른 바위산

들로 만들어 버리는 것도 공유지의 비극이 빚어낸 현상 중 하나라고 말할 수 있음.

8.2 경제발전과 환경문제

- 환경의 문제는 산업화가 본격적으로 진행되면서 나타나기 시작한 문제라고 생각하는 사람이 많지만 역사의 기록을 보면 이 문제는 근대의 산업사회가 등장하기 훨씬 이전부터 존재해 왔던 것으로 되어 있음.
  - 이를 보면 인류가 문명사회를 이루어 주변의 환경을 이용할 줄 알게 되면서 바로 환경파괴의 문제가 등장했던 것을 알 수 있음.

- 그러나 근대의 산업화와 더불어 이 문제가 더욱 심각해진 것이 사실
  - 이와 같은 우려는 환경을 구하기 위해 더 이상의 성장을 자제하자는 움직임을 낳게 되었음.

- 그렇지만 '0의 성장'이란 이념은 곧 제3세계의 강력한 반발에 직면하게 되었음.
  - 더 이상의 성장을 자제하면 이미 산업화를 이룬 선진국에만 유리한 결과를 가져온다는 반론이 상당한 설득력을 갖는 것은 사실임.
  - 세계를 돌아보면 산업화가 덜 된 가난한 나라일수록 환경파괴가 더욱 극심하게 일어나고 있는 것을 봄.
  - 이처럼 경제성장과 환경 사이의 관계를 일률적으로 말하기 힘든 복잡성이 있음.

- 환경오염 피해사례
  - 대표적인 것은 1952년에 일어난 '런던 스모그사건'이었는데, 아황산가스와 매연이 주로 문제가 되어 발생한 사건으로서 발생 2개월 후에 8천여 명에 이르는 사망자가 발생한 것으로 기록
  - 우리나라 대도시의 공기도 각종 유해물질로 심각하게 오염되어 있어 우리로 하여금 우려를 금치 못하게 만들고 있음.

9 환경문제의 해결 방안

9.1 환경문제 해결이 어려운 이유

- 첫째, 환경문제의 배후에는 외부성이 존재하고 있어 시장기구가 자발적으로 이 문제를 해결할 수 없다는 점을 들 수 있음.
  - 시장은 사람들이 오염물질을 대기나 강으로 방출하는 행위에 대해 아무런 통제를 가할 수 없기 때문에 정부가 특별히 간섭하지 않는 한 문제는 점점 더 심각해져 갈 수밖에 없게끔 되어 있음.
- 둘째, 환경문제는 갑자기 심각한 상황으로 바뀌는 속성이 있기 때문에 사람들이 이에 대해 경계를 게을리한다는 데 문제가 있음.
- 마지막으로 환경문제와 관련해 갖가지 집단의 이해가 상충하고 있기 때문에 합리적인 정책을 수립하기 곤란
  - 예컨대 그린벨트 문제 하나만을 가지고도 이해의 갈등이 심함.

9.2 환경문제의 해결 방안

① 정부의 개입을 통한 해결

- 하나는 직접통제로서 오염물질 방출량에 대한 직접적 규제, 특정한 정화장치 사용의 의무화, 오염물질의 방출이 적은 생산기술의 채택을 요구하는 등의 방식으로 수행되는데, 이 방식은 그 본질상 경직성을 띨 수밖에 없어 정해진 목표를 달성하는 데 많은 비용이 소요된다는 문제점을 갖고 있음.
- 또 다른 방식은 시장유인을 이용한 방법인데, 환경세를 부과하는 제도와 시장에서 거래가 가능한 오염면허제도가 그 주축을 이룸.[119] → 환경세 부과와 오염면허제도

119) 오염면허제도하에서 오염면허의 소유자는 일정한 양의 오염물질을 방출할 권리를 가짐. 반면에 오염면허를 소유하지 못한 경제주체는 오염물질을 전혀 방출할 수 없음.

의 실시는 오염물질을 방출할 때 일정한 대가를 치르게 함으로써 유인구조를 바로 잡는 효과를 낼 수 있음.

- 현재 우리나라에서 채택하고 있는 환경보호정책의 기조는 직접통제방식인데, 시장유인을 활용하는 정책을 과감하게 시도해 보는 것이 바람직

② 코즈 정리(Coase theorem)

- 코즈(R. Coase)는 외부성과 관련된 문제에서 정부의 간섭은 오히려 바람직하지 않은 결과를 가져올 수 있다고 지적했는바, 정부가 직접 개입하지 않고 이해당사자의 자유로운 협상에 의해 효율적인 결과를 찾도록 돕는 데 그쳐야 한다는 것이 그의 주장
  - 다시 말해 이해당사자의 자발적 협상에 의해 환경문제를 포함한 외부성의 문제를 풀 수 있다는 주장을 담고 있는 이론을 말함.

- 그러나 실제로는 협상과정에서 엄청난 크기의 거래비용이 발생할 수 있는데, 만약 이것이 사실이라면 자발적 협상은 결코 좋은 해결책이 못됨. ⇒ 실제로 활용될 가능성은 거의 없음.

10 정부의 경제적 역할과 능력의 한계

- 공익은 반드시 공조직이 담당해야 하는 것이 아님.
  - 2004년 3월 '100년 만의 폭설' 속에서 고속도로에 호빵 장수들이 도로공사 직원들보다 먼저 나타난 이유
  - 폭설 당시 경부고속도로는 마비가 되었지만, 천안-논산 민자 고속도로는 안 막혔던 이유
  - 예 : 교육, 에너지, 병원, 방범, 대중교통, 교도소

- 정치인, 관료조직 모두 사적 유인과 동기에 따라 움직임.

11 시장기능을 활용한 공익목적 달성 사례

11.1 안전관리

- MBC 카메라 출동의 고발, 대구시의 대형옥상 광고물 규제 사례, 손해보험회사의 자발적 안전시설 점검, 가격안정과 소비자보호, 대형 유통업계의 세일경쟁, 주유소의 서비스 경쟁, 이동통신회사들의 요금 경쟁, 가전회사 A/S 센터는 왜 친절한가?

11.2 환경보호

- 쓰레기종량제, 신고자포상금제 : 교통질서, 선거질서 등등

12 정부가 해야 할 일과 하지 말아야 할 일

12.1 정부가 해야 할 일 : 공정한 심판

- 시장경제의 원활한 작동을 위한 제도 유지(재산권보호, 경제활동의 자유보장, 경쟁촉진)
- 남에게 피해를 주는 행위에 대한 규제
- 공공서비스와 기반시설의 제공
- 거시경제의 안정(재정정책, 통화정책)
- 취약계층에 대한 보호
- 기회균등의 보장

12.2 정부가 하지 말아야 할 일

- 자원배분에 개입
  - '무엇을, 얼마나, 어떻게 만들어 누구에게 줄 것인가'를 결정 ⇒ 권력 ⇒ 남용과 부패의 원인
- 이익집단의 압력에 영합, 굴복
- 경쟁의 제한 : 이권과 특혜의 창출
- 재산권에 대한 침해
- 결과의 평등 추구

12.3 생각해 볼 점

- 빈부격차 해소
- 산업육성 지원 정책

13 요약 및 결론

13.1 시장기능과 정부기능의 상관성

- 시장기능과 정부기능은 대체관계가 아님.
  - 시장기능이 제 기능을 잘 하도록 도와주는(보완) 것이 정부기능
  - 시장기능을 활용해서 얼마든지 정책목표를 달성할 수 있음.
- 작고 효율적인 정부란
  - 보다 적은 인력과 적은 세금으로 공익 목적을 더 잘 달성하는 정부

• 정부가 경제에서 차지하는 비중이 클수록 국가생산성이 저하된다는 것은 통계적으로 입증된 사실

13.2 | 정부의 역할에 대한 시각

- 최근의 글로벌 금융위기는 우리에게 정부의 역할에 대한 또 다른 시각을 제시해 주었음.

- 가격안정, 사회통합, 소득분배, 빈곤퇴치, 환경보호, 소비자보호, 생활안전과 같은 중요한 공익목표를 보다 효과적으로 달성하기 위해서는 시장기능과 정부기능의 장단점을 정확하게 이해하고, 양자의 장점을 보완적으로 활용하는 지혜와 균형 잡힌 시각이 중요
  • 공익은 공무원들만이 보호할 수 있다는 정부만능주의, 정부 능력에 대한 막연한 신뢰를 버려야 함.

참고자료

(1) 김종석(2008), "시장경제와 정부의 역할", 2008년 서강대 경제학부의 강의내용, 2008. 09. 10.
(2) 이준구 · 이창용(2012), 《경제학 들어가기》, 법문사.
(3) 김승욱 외(2008), 《알짬 시장경제》, 박영사.
(4) 이승훈(2013), "렌트추구 사회 : 규제와 부패", 《"click" 경제교육》, KDI경제정보센터, 2013. 08.

부록 [10-1] 환경문제 해결 방안 : 배출권거래 도입[120)]

지구 온난화의 부정적 효과나 이를 막기 위한 대책 등은 차치하고, 환경문제에 내재되어 있는 '외부성'의 의미와 '탄소배출권'과 같은 대책이 어떠한 경제적 의미를 갖는지 알아보기로 하자.

1. 환경문제 해결의 어려움

- 사람들은 자연환경을 개발하여 경제발전을 이루고 이를 통해 생활수준의 향상이라는 혜택을 누려왔지만 경제발전을 위해 자연환경을 지나치게 훼손한 결과 공기나 하천이 크게 오염되었으며, 이산화탄소와 같은 공해물질이 대기 중에 많아지면서 지구 온난화 현상이 더욱 심해지고 있어 환경문제에 대한 우려는 점점 커져 가고 있음.
  - 북극에서는 빙하가 녹아 해안선이 바뀌고, 지난 100년간 세계의 평균 기온은 0.74° 상승했다고 함. 지구가 이처럼 더워진 데는 경제활동의 부산물인 이산화탄소나 메탄 등 온실가스가 한몫했음.
- 전 세계가 지구 온난화와 같은 환경문제에 공감하면서도 이를 방지하기 위한 대책에 대해 합의를 잘 이끌어 내지 못하는 이유는 환경문제로 인한 피해는 장기적이고 불확실한 반면, 이를 방지하는 데 드는 비용은 매우 크고 명백하기 때문임.
- 또한 공해물질을 정화하는 데 드는 비용이 기업별로도 큰 차이가 나기 때문에 기업들 간에 이해관계가 매우 다름.

2. 환경문제의 외부성

- 환경문제에는 기본적으로 '외부성'이 내재되어 있음.
  - 오염물질 배출 행위에 대해 대가를 치를 필요가 없다면, 기업이 인식하는 생산비용은 사회적 비용보다 낮아 과잉생산(오염물질의 과다배출)이 발생

2.1 해결책

- 기업이 인식하는 생산비용을 올려 사회적 비용과 일치시키는 것임.

2.2 문제는 이 비용을 부담시키는 방법

- "당신 회사에서 생산되는 제품은 이산화탄소를 많이 내뿜으므로 환경 부담금을 올리겠

120) 관련된 추가 설명은 《알기쉬운 경제학 ③》의 부록 [14-2]를 참조하기 바람.

습니다", "각 기업마다 환경정화기금 마련을 의무화합시다" ⇒ 만약 이러한 얘기를 듣는다면, 대부분은 선뜻 내켜하지 않을 것이기 때문에 정책적 개입의 근거가 마련되는 것임.

- 집진기 설치를 의무화한다거나, 세금을 부과하는 방법
- 어떠한 유인책을 제공하고 시장에서 스스로 해결되도록 하는 방법, 즉 '탄소배출권'이 그러한 대표적 예임.

3. 시장유인을 통한 해결책 : 탄소배출권

3.1 환경문제에 대한 정부의 직접규제 효과

- 환경문제를 해결하는 방법으로 정부가 기업들에게 공해물질을 배출하지 못하도록 강력하게 규제하는 것을 생각할 수 있으나 이것은 현실적으로 매우 어려운 일임.
  - 기업이 제품을 생산할 때 발생하는 공해물질을 정화하기 위해 많은 돈을 쓰고 그 결과 제품가격이 올라가게 되면서 기업의 생산활동은 위축될 수밖에 없음.
  - 한편으로는 사정이 어려운 일부 기업들은 비용을 절약하기 위해 오염물질을 몰래 배출하는 경우도 늘게 될 것임.
  - 이렇게 되면 정부는 오염물질 배출을 감시하기 위해 막대한 예산을 들여야 함.
- 이와 같은 현실을 고려해 정부가 각 기업마다 일정한 양의 공해물질만을 배출하도록 일률적으로 규제하는 방법도 생각해 볼 수 있음.
  - 이렇게 되면 높은 정화기술을 가지고 있는 기업들은 공해물질을 많이 줄일 수 있음에도 불구하고 굳이 비용을 들여 정부가 정한 양 이상으로 공해물질을 줄이려는 노력을 하지 않을 것임.
  - 그리고 공해물질 정화시설이나 기술이 부족한 기업의 경우에는 허용된 양을 초과하는 공해물질을 정화하기 위해서 엄청난 돈을 들여야 함.
- 그러나 이와 같이 기준을 일률적으로 적용하는 정부의 직접규제는 기업 간의 차이를 반영하지 못하기 때문에 경제 전체로 볼 때는 비효율적인 결과를 낳게 됨.

3.2 탄소배출권

- 오염물질을 배출할 수 있는 권리를 기업들 간에 사고팔 수 있게 하는 탄소배출권거래 제도는 환경보존 목표를 달성할 수 있도록 도와주는 역할을 함.
- 탄소배출권은 보다 시장에 가까운 해결책이라 할 수 있음.
  - 집진기 설치 의무화나 세금 부과는 기업에게 선택의 여지를 주지 않고 법에 의한 강제로 기업의 자체정화 노력 유인을 축소시킬 수 있고 과다한 행정비용을 유발할 수 있음.

• 그러나 탄소배출권은 시장에 의한 인센티브에 기초하고 있음.

- 정부는 사회적으로 적절한 오염물질의 배출수준을 파악하고 그만큼의 배출권을 발행하고 배출권을 구입할 것인가 말 것인가는 오로지 기업의 몫으로 남겨 놓음.
- 탄소배출권거래제도는 탄소를 배출하는 기업이나 사업장이 배출할 수 있는 상한을 정하고(cap), 이를 초과(미달)할 경우 배출권을 구입(판매)할 수 있는 탄소시장을 만드는 것이 핵심[121)]
- 구체적 사례
  • 연간 10만 톤의 이산화탄소를 배출하는 A와 B 두 기업에게 9만5천 톤의 배출 상한치가 할당되었다고 하자.
  • 그리고 A기업의 자체 감축비용은 10달러/톤, B기업의 자체 감축비용은 30달러/톤, 배출권의 시장가격은 20달러/톤이라고 가정하자.
  • 이 경우 배출권거래를 함으로써 A와 B기업 모두 경제적 이득이 발생됨을 확인할 수 있음.
  • 즉 A기업은 자체 감축비용이 5만 달러(목표 감축량, 5천 톤×10달러)인데, 배출권 시장 존재 시 목표 감축량보다 초과 감축한 후 잉여 배출권을 판매하면 감축비용은 0(1만 톤을 10달러에 감축한 후 5천 톤을 20달러에 판매)이 됨.
  • 반면 B기업은 자체 감축비용이 15만 달러(목표 감축량, 5천 톤×30달러)인데, 배출권 시장 존재 시 5천 톤을 20달러에 시장에서 전량 구입하면 5만 달러의 비용을 절감하게 됨.
  • 결과적으로 배출권거래를 통해 이산화탄소 감축 부담이 보다 효율적인 감축시설을 갖고 있는 기업 A로 넘겨짐으로써 사회 전체의 비용이 절감됨을 알 수 있음.[122)]

---

121) 다시 말하면 배출권거래제는 온실가스를 쉽게 줄일 수 있는 기업은 배출량을 할당 한도 이하로 줄인 후 초과 달성량을 시장에 내다 팔고, 온실가스를 줄이는 데 비용이 많이 드는 기업은 배출량을 감축하는 대신 배출권을 사들이는 제도임. 이론적으로는 온실가스 감축 방법 가운데 제일 효율이 높고 국가가 배출 총량을 정한 후 개별기업에 배출 한도를 할당하기 때문에 감축의 확실성이 분명함. 한삼희(2014) 참조.

122) 이해를 돕기 위해 유사한 사례를 추가로 제시해 보면 다음과 같음. 정부가 100톤의 이산화탄소 방출 목표를 정해 두고 탄소배출권을 기업에게 10톤씩 나누어 준 후, 이를 시장에서 자유롭게 사고팔 수 있도록 허용하는 경우를 생각해 보자. 기업 A는 원래 20톤의 이산화탄소를 배출하고 있었는데 허용된 기준은 10톤이므로 초과되는 10톤을 줄여야 함. 그런데 10톤의 이산화탄소 배출량을 줄이기 위해 1억 원이라는 돈이 든다면 어떻게 해야 할까? 한편 기업 B는 공해물질을 정화하는 특별한 기술을 가지고 있어 비용을 조금만 들이고도 쉽게 배출량을 줄일 수 있어 정부가 배정한 10톤보다 적은 5톤의 이산화탄소만 배출하고 나머지 5톤의 배출권은 시장서 판매할 수 있음. 제품 생산량이 많지 않은 기업 C의 경우에도 공해물질이 적게 발생하여 기업 B와 마찬가지로 5톤의 배출권을 팔 수 있음. 이 경우 기업 A는 10톤의 탄소배출권을 시장에서 구입하는 가격이 정화설비에 드는 비용인 1억 원보다 낮다면 기업 B와 C가 공해배출권 시장에 내놓은 10톤의 배출권을 사면 됨. 여기서 탄소배출권의 가격은 각 기업의 정화비용 등을 감안하여 시장에서 자율

4. 최적배출량과 적정 배출권가격의 설정이 관건

- 문제는 최적배출량이나 배출권가격을 어떻게 설정하느냐 하는 것임.
  - 만약 자동차의 최적생산량이 연간 1만 대이고 1만 대째의 자동차를 생산할 때 2만 원 어치의 환경오염을 가져온다는 것을 알아낼 수만 있다면, 자동차 한 대 생산 시 2만 원의 배출권을 사도록 하면 될 것임.
- 배출권을 어떠한 기준으로 분배하느냐 하는 것도 중요
  - 영국에서 최근 검토되고 있는 '탄소 소비 정량제'의 경우, 1년 치 온실가스 배출 통제 목표를 정해 인구수로 나눈 한 사람이 소비할 수 있는 배출량을 설정
  - 사람들은 자동차에 가솔린을 넣거나 비행기를 탈 때 자신의 '탄소카드'를 제시
- 세계 각국에서는 배출권 시장을 통해 배출권 획득뿐 아니라 배출권 매매로 경제적 이익을 극대화하려 하고 있음.
- 우리나라는 세계 10위의 온실가스 배출국이면서 2012년까지 감축 의무를 유예받았음.
  - 대체에너지 개발과 분야별 온실가스 감축사업을 추진해 나가면서, 동시에 배출권거래 등을 활용해 비용 측면에서의 효율성을 높이는 것도 고려해 봐야 함.

5. '탄소시장'의 등장

- 지구 온난화를 막기 위한 국제적 의지의 산물로 교토의정서[123]가 채택됨에 따라 국가별로 온실가스 감축 의무가 부여되었음.
- 국가별로 이 과제를 수행해 내기 위하여 여러 조치들을 시도하는 과정에서 자연스럽게 '탄소시장'이 생겨났음.

6. '탄소시장'의 성립 배경

- 교토의정서는 온실가스를 의무적으로 줄여야 할 나라[124]를 정하고, 2008~2012년 사이에 온실가스 총배출량을 1990년 수준보다 평균 5.2%[125] 감축하도록 했음.

적으로 공정하게 결정될 것임. 이와 같이 탄소배출권 제도는 오염물질 정화능력이 뛰어난 기업들로 하여금 오염물질을 더 많이 정화하고 남는 배출권을 시장에서 팔 수 있도록 함으로써 환경문제를 보다 효율적으로 해결하기 위해 고안된 제도임.

123) 1997년 일본 교토에서 열린 제3차 기후변화협약의 구체적 이행 방안으로 채택

124) 오스트레일리아, 캐나다, 미국, 일본, EU 회원국 등 38개국

125) 캐나다 6%, 영국 12.5%, 독일 21% 등의 감축 목표량이 할당되었음. 캐나다의 경우 할당된 6%에 따라 연간 총 5억7천만 톤을 배출할 수 있으나, 2010년경 배출량이 8억1천만 톤으로 예상되어 약 2억4천만 톤이 초과될 전망임.

• 해당국은 온실가스 감축을 위한 조치를 취해야 하며, 에너지효율 향상, 온실가스의 흡수원 및 저장원 보호, 신·재생에너지 개발·연구 등도 여기에 포함됨.
• 단, 감축 의무를 자국 내에서만 이행하는 데는 한계가 있음을 인정하여 배출권거래(ET)[126], 청정개발체제(CDM)[127], 공동이행(JI)[128] 등 유연성체제(교토메커니즘)를 도입하였음.
• 이러한 과정 속에서 2002년 영국에서 최초로 탄소배출권을 사고팔 수 있는 시장이 개설되었음.

- 정리하면 탄소시장은 에너지소비기업, 배출권 지원서비스 기업 등이 온실가스 할당량 대비 잉여분 및 부족분을 거래하는 시장임. ⇒ 즉 탄소시장이란 업체별로 탄소배출 허용량을 할당받아 거래하는 시장으로 허용량보다 많이 배출할 경우 탄소배출권 시장에서 구매해야 하며 반대로 허용량보다 적게 배출한 경우에는 탄소배출권 시장에다 판매하는 구조의 시장임.
  • 기본적으로는 탄소배출권을 거래하는 시장이지만 관련 사업 전반을 포괄하는 광의의 시장 개념으로도 쓰임.

7. 탄소시장 운영 메커니즘

- 탄소시장에서는 온실가스 감축사업 등록을 한 업체가 공급자가 되고, 한국전력과 발전회사, 지역난방공사와 수자원공사 등 에너지 관련 공기업 등이 수요자가 됨.
  • 즉 감축사업 등록을 하여 감축사업을 추진한 기업은 인증기관의 검증을 통해 감축실적을 인정(배출권)받아 그 권리를 판매할 수 있고, 한국전력 등 정부와 신재생에너지 공급협약을 맺은 공기업이 신재생에너지 공급량을 충족하지 못해 온실가스 발생이 기준량을 초과할 경우 배출권을 구매하는 것임.
- 탄소시장의 거래대상 및 탄소배출권거래시장의 참가자 ⇒ 유럽시장의 경우 가장 대표적인 탄소배출권은 무상할당배출권(EUA)을 기준으로 거래되고 있으며, 탄소배출권 시장 참가자는 전력회사, 기관투자자, 산업계, 헤지펀드 등이 시장에 참여하고 있음.
- 탄소배출권 할당대상 업체 및 할당량 ⇒ 배출량이 많은 전력회사, 정유, 시멘트, 유리 업종이 주류를 이루고 있으며 할당량 결정은 EU집행위원회에서 국가별 할당량을 정한 뒤 업체별로 과거 배출실적을 기반으로 할당이 이루어지고 있음.

126) 감축의무가 있는 선진국 간에 배출권쿼터의 거래를 허용
127) 선진국이 개도국에 투자하여 획득한 온실가스 감축량을 투자국 감축량으로 인정
128) 선진국 A가 선진국 B에 투자하여 획득한 온실가스 감축량을 A국 배출 저감실적으로 인정

8. 탄소시장 규모[129)]

- EU는 2005년 1월 세계 최대 탄소시장인 ETS를 개설하여 2007년 기준으로 ETS 내에서 약 82억 유로 규모의 배출권이 거래되고 있고, 유럽의 주요 거래소(영국ECX, 노르웨이 노드풀, 프랑스 파워넥스트카본)에서 전 세계 탄소거래의 80%가 행해지고 있음.
- 미국의 경우 시카고기후거래소(CCX)를 중심으로 거래가 이뤄지고 있는데, 최근 뉴욕증권거래소(NYSE) 유로넥스트가 탄소배출권거래소 개설을 추진하고 있음.
- 2007년 기준 세계 탄소시장의 규모는 600억 달러(약 56조7천억 원)에 달하는 것으로 추정됨. ⇒ 세계은행은 탄소시장 규모가 2010년경 1,500억 달러로 급성장할 것으로 내다보았음.
- 2012년 현재 글로벌 탄소배출권 시장의 거래량 규모는 109억 톤(CO_2)이며 거래대금은 620억 유로로 거래량의 전년대비 25.3% 증가세를 시현했으나 거래대금은 36.7% 하락세를 보였음.
- 우리나라를 비롯해서 호주, 중국 등이 탄소시장에 참여하려고 하는데 미국은 캘리포니아주만 배출권거래제를 운영하고 있음.
  - 글로벌 관점 하에서 2020년을 기점으로 미국 및 중국을 중심으로 탄소배출권의 성장세는 충분히 잠재해 있음.
  - 아직 구체화되어 진행되는 단계는 아니지만, 신시장 메커니즘이 본격적으로 도입될 경우 탄소배출권 시장의 통합화는 본격적으로 진행될 전망임.

9. 우리나라의 실정

- 지난 2014년 1월, 2015년부터 시행되는 탄소배출권제 운영기관으로 한국거래소(KRX)가 지정되었음.
- 2008년 3월 31일 기준으로 우리나라가 유엔에 등록한 청정개발체제(CDM) 사업은 17개, 이를 통해 감축 가능한 이산화탄소의 양은 1,435만6천 톤으로 전 세계 감축량 1억9,711만3천 톤(974개 사업)의 7.28%를 차지하고 있으며 중국과 브라질, 인도에 이어 세계 5위를 기록하고 있음.
- 정부는 온실가스 규제와 국내 배출권거래시장 개설, 배출권거래소 도입 등을 강구, 국내 탄소배출권 시장을 2012년까지 1조 원(2007년 1,400억 원)으로 확대할 방침이라고 밝혔음.[130)]

---

129) 이하 내용은 주로 김태선(2014) 참조.

- 2015년 약 500여 개 업체가 국내 탄소배출권 시장에 참여할 것으로 전망되는 가운데 가장 우려되는 부문은 시장 개설 초반 탄소배출권의 시장 유동성 공급이 제일 먼저 해결되어야 할 문제라고 사료됨.[131] ⇒ 시장 참자가들 간의 매도자와 매입자 간에 균형된 포지션이 형성되어야 안정적인 가격형성이 되는 만큼 물량에 대한 유동성 공급이 시장에 충분히 제공되어야 함.

10. 가격결정 및 향후 전망

- 탄소배출권의 가격결정은 다양한 요인에 의해서 결정됨.
  - 수요 측면에서 보면 경기가 확대될 경우 에너지에 대한 수요가 많아 탄소배출권의 가격은 상승하게 됨.
  - 공급 측면에서는 정부로부터의 배출허용량이 공급요인으로 무상할당을 많이 받게 되면 가격하락 요인이 됨.
- 2005년 대비 탄소배출권 시장의 성장세는 1500%의 성장세를 보이고 있음. ⇒ ㉠ 2020년을 기점으로 시장에 대한 성장세는 폭발적으로 성장할 것으로 전망됨. ㉡ 특히 중국은 2015년을 기점으로 국가단위에서 탄소배출권 시장을 운영할 계획에 있어 글로벌탄소배출권 시장의 판도변화가 예상됨.
- 한편 온실가스 배출권 시장은 일반 상품거래가 이뤄지는 시장과 작동원리가 다름.[132]
  - 일반 시장에선 가격이 오르면 기업들이 상품 공급량을 증가시킴. ⇒ 그러면 시장가격이 떨어지면서 수요·공급의 적절한 균형점을 찾아감.
  - 반면 온실가스 배출권은 기업이 마음대로 시장 공급량을 늘렸다 줄였다 할 수 없음. ⇒ ㉠ 공무원들이 배출 한도치를 미리 결정해 놓기 때문임. ㉡ 이런 공급의 경직성으로 수요·공급이 유연하게 조절되기 곤란함. ㉢ 불황이 닥친다든지 해서 공장 가동률이 떨어져 전반적으로 배출권이 남아돌면 시장가격은 순식간에 폭락함. ㉣ EU 시장에선 2008년 금융위기 때 30유로를 넘던 온실가스 배출권 톤당 가격이 순식간에 10유로 아래로 급락했음. ㉤ 그 후 한동안 20유로를 넘던 가격이 지금은 5~6유로 선임.

---

130) 교토의정서 체제하에서 우리나라는 개발도상국으로 분류돼 온실가스 감축대상 국가에서 제외됐지만, 발리로드맵(2007년 말 인도네시아 발리에서 폐막된 제13차 기후변화협약 당사국총회에서 채택)에 따라 2013년 포스트교토체제부터는 온실가스 감축 의무를 지게 됨.

131) EU지역은 대부분 선물거래의 비중이 약 85% 차지하고 있음. 선물거래를 주로 하는 대표적인 이유는 레버리지 효과 및 시장의 풍부한 유동성에 힘입어 거래량이 집중되고 있기 때문임. 선물거래는 미래시점의 가격 전망을 전제로 함. 1년 후 가격상승이 예상되면 현재 매입을 하게 되고 반대로 하락이 예상되면 매도를 하게 됨. 반면 현물거래는 매매계약이 당일 이루어지는지는 계약의 형태임.

132) 한삼희(2014) 참조.

11. 국내 탄소배출권거래제 도입으로 인한 변화 및 대응

- 탄소배출량 기준으로 세계 7위의 배출량 규모를 보이고 있는 점을 감안한다면 에너지 효율에 대한 증진을 탄소배출권거래제를 통해서 달성될 수 있을 것이라고 사료됨. ⇒ 현재시점에서 비용으로 인식되지만, 중장기적인 관점 하에서는 산업계의 경쟁력 제고로 확산될 것으로 전망됨.
- 글로벌 관점 하에서 환경규제는 불가피한 상황이며, 동시에 환경규제를 이용한 무역장벽으로 활용되는 만큼 전사 차원에서 중장기 로드맵을 마련하여 현명한 대응전략 수립이 필요한 시점임.

12. 2015년 배출권거래제 시행에 따른 현실적 문제점[133)]

12.1 개점휴업 가능성 대두

- 앞서 언급한 바대로 배출권 시장가격이 널뛰기를 하면 기업들은 온실가스 감축투자를 해야 할지 말아야 할지 합리적 판단이 쉽지 않음. ⇒ 투기 세력이 달라붙을 소지도 큼.
- 이에 따라 2015년 1월 1일 문을 열 우리의 배출권 시장은 한동안 개점휴업 상태일 가능성이 큼. ⇒ ㉠ 처음 도입해 보는 제도여서 정부가 기업에 과도한 부담이 되지 않도록 대체로 넉넉한 배출량을 할당할 것이기 때문임. ㉡ 배출권이 남아돌아 기업들이 배출권 구입 필요를 못 느끼면 시장거래가 끊기게 됨. ㉢ 그러면 경제지 등에선 '배출권 시장 무용론'을 들고 나올 것임.

12.2 불안한 가격 안정화 장치

- 정부는 경기 활황 등으로 배출권 가격이 뛸 경우 정부가 갖고 있는 여분의 배출권을 시장에 풀 수 있게 가격 안정화 장치를 만들어 놓았음. ⇒ 기업들은 정부에 가급적 배출권을 많이 풀라고 로비를 펼 것임.
- 가격 급락 때는 정부가 시장에서 남아도는 배출권을 사들이는 것도 생각해 볼 수 있는데, 이 경우 국민 세금을 들여 오염 업체가 배출한 온실가스를 거둬들이는 것이 되기 때문에 정부의 배출권 매입은 허용되지 않았음.

12.3 공정한 배출권 할당의 어려움

- 배출권이 기업들에 공정하게 할당되느냐 하는 것이 더 근본적 문제임.
  - 배출권은 시장에서 사고팔 수 있는 일종의 재산권임.

---

133) 한삼희(2014) 참조.

- 공무원이 아무리 엄정하게 기업들의 적정 배출 할당량을 산정하려 해도 기업은 자기들이 가진 기술과 경영 정보를 숨기거나 조작해, 될수록 많은 배출권을 받아내려 할 것임. ⇒ ㉠ 그래서 정부는 당장은 해당 기업이 과거 얼마나 배출했는지 하는 실적에 주로 의존해 할당량을 정하게 됨. ㉡ 그러다 보면 낙후 공정으로 온실가스를 많이 뿜어내온 오염 기업이 더 많은 배출권을 확보해 재산상 이득을 취하게 됨. ㉢ 반면 어떤 모범적 기업이 그동안 열심히 에너지 효율화에 투자해 온실가스 배출량을 크게 낮추었다면 그 기업엔 적은 배출량이 할당될 것임. ㉣ 부실 경영으로 생산활동이 위축돼 온실가스 배출이 줄어든 기업은 남아도는 배출권을 시장에서 팔아 목숨을 연명해 갈 수도 있음.

12.4 마무리

- 이상의 현실적 어려움을 극복하기 위한 정부의 효과적인 해결 방안 마련이 관건
  - 아무리 세밀하게 설계해도 많은 시행착오를 겪게 될 것이며 사실 초기 1～2년은 '학습과정'으로 봐야 함.
- 후발주자로서 EU가 2005년부터 시행해 오면서 축적한 노하우를 세밀하게 검토한 후 활용할 필요가 있음.

참고자료

(1) 이지은(2007), "환경문제 해결 방안 '시장'에서 찾다", 《"click" 경제교육》, KDI경제정보센터, 2007. 03.
(2) 이지은(2008), "보이지 않는 또 하나의 시장, 탄소시장", 《"click" 경제교육》, KDI경제정보센터, 2008. 05.
(3) 2007. 02. 10., 《매일경제》
(4) 이해인(2007), "환경과 공해배출권", 한국은행 경제교육 청소년 경제나라(Teens 경제), 한국은행 부산본부, 2007. 07. 30.
(5) 2008. 08. 07., 《서울신문》
(6) 김태선(2014), "탄소시장에서는 무엇을, 누가, 어떻게 사고 팔 수 있나요?", 블로그 Insight of GS Caltex(www.insightofgscaltex.com/?p=71233), 2014. 03. 11.
(7) 한삼희(2014), "아슬아슬한 '온실가스 거래제'", 《조선일보》, 2014. 08. 16.

부록 [10-2] 신제도주의 경제학

1. 등장 배경

- 주류 경제학이라고 불리는 신고전학파 경제학에서는 어느 특정 국가나 시대를 초월해서 항상 적용되는 경제 원리를 발견하려고 노력하였기 때문에 문화나 경제제도 및 법률구조 등에 대해서는 일체의 언급이 없이 완전경쟁적 시장을 가정하고 논의를 전개했음.

- 그러나 현실경제에서는 법과 제도의 차이로 인해 서로 다른 의사결정을 하게 됨.
  - 이와 같이 문화, 법, 제도 등의 차이가 경제적 의사결정에 큰 영향을 미치므로 이러한 요소들을 고려해서 경제이론체계를 다시 수립해야 한다는 주장을 하는 학자들이 많이 등장하고 있는데, 이들을 일컬어서 신제도주의 경제학(New Institutional Economics 혹은 신제도학파)[134]이라고 부름.
  - 이는 자유방임적 시장만을 강조하는 신자유주의 사조에 대한 하나의 대안이 될 수 있을 것임.

2. 신고전학파(주류 경제학)와 신제도주의학파(신제도주의 경제학)의 차이

- 주류 경제학에서는 인간은 합리적이고 이기적인 존재라고 가정함으로써 항상 자신에게 가장 유리한 선택을 할 수 있는 능력이 있다고 본 반면에 신제도학파는 인간이 합리적이 되려고 노력은 하지만 완벽하게 합리적이지 못하고, 제한적으로만 합리적(bounded rational)이라고 보았음.
  - 전지전능하지 않기 때문에 정보를 획득하는 데 비용이 소요되고, 또 정보가 충분하다고 해도 그것을 분석하는 데 완전하지 않기 때문에 완전히 합리적인 결정을 할 수 없다는 것임.
  - 신제도학파는 인간은 이기적일 뿐만 아니라 때로는 기회주의적으로 행동한다고 가정 ⇒ 이기적이라는 것은 자기의 이익을 위해서 선택을 하지만 남에게 피해가 가는 행동을 하지는 않겠다는 가정이 포함되어 있기 때문에 이기적인 인간은 남을 속이지는 않으나 기회주의적인 인간은 이기적인 것을 넘어 때로는 자기에게 유리하면 계약을 파기하기도 한다는 것임. ⇒ 이러한 전제는 계약의 이행을 보장하기 위해서는 비용이

134) 동 분야와 관련된 학자로 로널드 코즈(Ronald Coase), 게리 베커(G. Beker), 더글러스 노스(D. North) 등이 있음.

소요된다고 하는 근거가 됨.

- 주류 경제학에서는 동일한 거래가 반복되는 것을 가정하는 데 비해서 신제도주의 경제학자들은 경제적 거래는 반복되는 경우가 별로 없고, 일회적인 거래가 많다고 주장
  - 거래가 일회에 그치는 경우에는 더 기회주의적으로 행동할 가능성이 높아짐.
  - 사소한 거래행위는 반복적인 경우가 많으나 내구성 재화의 구매, 기업의 직원 채용, 빅딜이나 결혼 등 상당히 많은 경제적 거래가 일회적이고, 이러한 거래는 거래횟수는 적을지라도 상당히 중요한 경우가 많음. ⇒ 따라서 거래 당사자들이 기회주의적으로 행동할 가능성이 높으므로 상당한 정보비용이 소요됨.
  - 이러한 비용을 줄여 주는 것이 바로 제도임.[135] ⇒ 거래비용을 낮출 수 있는 제도를 어떻게 발전시킬 수 있는가 하는 것이 경제의 효율성을 달성하는 중요한 요소라고 봄.

- 경제분석방법에 있어서도 주류 경제학은 인간이나 경제환경이 기본적으로 동질적이라고 보고 자연법칙을 탐구하는 물리학과 같이 시대나 국가를 초월해서 항상 적용될 수 있는 일반법칙을 탐구하는 데 관심을 기울인 반면에, 신제도주의학자들은 경제사회는 결국 인간들의 모임이고 인간은 유기체이므로 시대에 따라서, 또 국가마다 역사가 만들어 준 초기 조건에 영향을 받으며, 생물체가 환경에 적응하면서 변화해 가는 것과 마찬가지로 법과 제도도 진화적으로 변해 간다는 사회진화론의 관점에서 경제현상을 설명하려고 시도[136]

---

135) 예를 들어 환불제도가 보장된 백화점에서는 재화를 구매할 때 의사결정을 상대적으로 쉽게 할 수 있지만 절대 환불해 주지 않는 재래시장에서는 신중하게 상품을 살피고 정보를 분석해야 함. ⇒ 이와 같이 제도는 거래비용에 큰 영향을 미침.

136) 부연설명하면 다음과 같음. 왜 왼손잡이끼리도 오른손으로 악수를 하는가? 별다른 의미가 없어 보이는 이 질문에 답하려면 생각보다 많은 과학적 지식이 필요함. 우선 상호친선의 목적으로 악수를 하는 종족이 있었다는 인류학적 사실, 오른손잡이가 많다는 생물학적 이유가 쉽게 관찰되지만 이것만으로는 다 설명되지 않음. 상대방이 오른손을 내밀 가능성이 클 때 친선을 보이려면 오른손을 내미는 것이 합리적인 선택이라는 경제학적 설명이 추가되어야 함. 악수의 예에서와 같이 오래된 관습뿐만 아니라 사회적 행동에 영향을 주는 각종 제도를 설명할 때, 이 제도가 개인적으로도 따르는 것이 편리하다는 것이 반드시 설명되어야 함. 신제도주의경제학은 이런 점에 착안해 제도를 개인의 합리적 선택의 결과로 설명하려는 경제학적 조류를 말함. 이러한 조류가 경제학계에서 관심을 끌게 된 것은 대체로 1970년대 초반 이후라고 생각되지만, 무엇이 신제도주의 경제학인가에 대해 아직 확고한 정의는 없음. 다만 1930년대까지 융성했던 미국의 구제도학파에서는 경제제도를 역사적 진화의 산물로만 생각한 데 비해, 신제도주의학파는 개인의 선택이라는 관점을 통해서 제도의 생성과 정착과정을 설명한다는 특징을 갖고 있음. 신제도주의에서 제도를 설명할 때 필수 불가결한 거래비용(transaction cost) 개념을 선구적으로 탐구한 학자는 노벨 경제학상 수상자인 코즈(R Coase)임. 시카고대학의 코즈는 1937년에 발간된 '기업의 본질(The Nature of the Firm)'에서 생산과정의 모든 행위를 시장을 통해서 할 경우 거래비용이 발생하므로, 생산단계의 일부를 위계적 조직을 통해 시행하는 것이 기업이라고 분석하였음. 코즈가 밝힌 거래비용의 개념은 그 이후 많은 연구를 통해 다음과 같은 여섯 가지 비용으로 나누어 정식화되고 있음. 첫

참고자료

(1) 김승욱 외(2008), 《알짬 시장경제》, 박영사.
(2) 홍기현(2000), "신제도주의 경제학", 《동아일보》, 2000. 08. 07.

째 거래대상자 거래물품 및 가격정보에 관한 탐색비용, 둘째 거래를 위한 협상비용, 셋째 거래계약 작성비용, 넷째 거래조건을 준수하는지 감독하는 비용, 다섯째 거래조건 위반 시 준수하도록 실행하는 비용, 여섯째 제3자가 재산권을 침해하지 못하게 하는 비용 등임. 위와 같은 다면적인 거래비용이 현실적으로 어떻게 작용하고 있는지를 탐구하므로 신제도주의 경제학을 거래비용 경제학이라고도 부르고 있음. 이 중 특히 기업조직을 연구한 윌리엄슨(O. Williamson)의 연구가 두드러지고 있음. 윌리엄슨은 1975년에 발간된 '시장과 위계(Markets and Hierarchies)'라는 책에서 시장경제 속에서도 기업이란 위계적 조직이 효과적인 생산조직으로 쓰이고 있는 이유를 구체적으로 탐구했음. 윌리엄슨은 정보가 완전하지 않은 상태에서 거래할 때 각 개인은 완벽하게 합리적인 행동을 하지 못하고 제한된 합리성이란 형태로 선택을 할 수밖에 없으며, 이 때문에 거래 상대방에게 불리하게 작용하는 기회주의적 행동도 나타난다고 생각했음. 이런 경우 상호 간에 협상을 하기 위한 비용과 기회주의적 행동에 따른 부담을 고려할 때 기업이라는 내부조직이 나타난다고 보았음. 나아가 윌리엄슨은 거래비용의 변화에 따라 기업조직이 집중적 위계조직에서 다양한 사업본부가 있는 형태로 나아가는 점도 지적했음. 코즈나 윌리엄슨이 기업조직을 주로 탐구한 데 비해, 노벨상 수상자인 노스(D. North)는 국가적 차원에서 거래비용과 경제발전의 관계를 탐구했음. 노스는 경제사 연구를 통해 국가가 사유재산권 제도를 보장할 경우 거래비용의 감소로 시장경제가 발달하고 경제성장이 촉진될 수 있음을 보였음. 이와 관련하여 홍기현(2000) 참조.

CHAPTER 11

또 다른 미시경제 영역

1. 전통이론 탈피한 신(新)경제학의 등장
2. 정보의 비대칭성
3. 정치경제학
4. 행동경제학
5. 세 가지 이론의 종합적 견해

〈앵커멘트〉

실적 악화로 어려움을 겪고 있는 증권사들이 비용절감 차원에서 리서치센터 규모를 줄이고 있는데요. 기업보고서를 작성하는 애널리스트가 줄어든 데다 정보유통에 대한 규제마저 강화돼 개인들의 정보 소외는 한층 심화되고 있습니다. 박승원 기자의 보도입니다.

〈리포트〉

투자분석가, 즉 애널리스트의 입지가 줄어들고 있습니다. 2013년 말 국내 62개 증권사들의 애널리스트 숫자는 1,335명. 지난 2012년 1,470명에 달했던 것을 감안하면 9.1%%나 감소했습니다. 수익성이 악화된 증권사들이 리서치센터의 규모를 줄이면서 한때 억대의 몸값을 자랑하던 애널리스트의 위상도 많이 떨어졌습니다.

[녹취] 한 증권사 관계자

"증권사가 비용절감 차원에서 후선부서인 리서치센터를 축소시키고 있다. 억대 연봉을 자랑하던 애널리스트라는 말도 옛말이다."

문제는 애널리스트 감소가 투자자들의 정보 접근을 제한할 수 있다는 겁니다. 실제로 최근 애널리스트의 미공개 정보 유출 파문으로 기업들은 공개되지 않은 정보에 대한 언급 자체를 꺼리고 있습니다. 애널리스트 역시 보고서 작성에 소극적입니다. 책임추궁을 피하기 위해 분석자료를 큰 고객인 기관에게만 제공하고, 일반에 공개하지 않는 경우도 적지 않습니다.

[녹취] 한 증권사 리서치 센터장

"컴플라이언스 강화로 정보공개가 늦어질 것이다. 시장에서 거래되는 종목 중 삼성전자라는 큰 종목은 상관없겠지만, (아닌) 종목들은 정보의 비대칭이 강화될 수 있을 것이다."

비용절감을 위해 애널리스트 감축부터 나선 증권사들. 정보의 비대칭 심화가 개인투자자 이탈을 부추길 수 있는 만큼, 장기적인 관점에서 다각도의 검토가 필요해 보입니다.

– 박승원 기자 –

출처 : 박승원(2014), "증권가의 꽃, 애널리스트 급감…정보 비대칭 확대 우려", 《머니투데이방송》, 2014. 04. 25.

1 전통이론 탈피한 신(新)경제학의 등장

- 글로벌 금융위기 이후 세계경제뿐만이 아니라 경제학도 큰 충격을 받았음.
  - 경제학자들이 신봉해 왔던 '인간은 합리적이며, 시장은 효율적이고 자기 교정 능력이 있다'는 생각이 뿌리부터 흔들렸음.
- 1980~1990년대 경제학이 지나치게 이론 위주로 연구되다 보니 실제 삶에 영향을 주는 분석이 부족했다는 반성도 나왔음.
- 이런 반성과 함께 경제학에는 새로운 조류가 서서히 세력을 넓혀가고 있는데, 새로운 경제학의 흐름은 크게 두 가지로 압축됨.
  - 첫째는 '융합'으로 심리학·뇌과학·생물학 등 다른 학문과 교류해 이론적 바탕을 재구성하려는 움직임을 가리킴. ⇒ 심리학과 접목한 행동경제학이 대표주자로 꼽히는데, 행동경제학은 인간이 항상 이성에 따라 합리적으로 행동하는 게 아니라 때때로 감정에 휩쓸려 비합리적으로 행동할 때도 있기 때문에 두 가지를 동시에 고려해야 인간 행동을 설명할 수 있다고 주장함.
  - 둘째는 '현장'으로 거시분석보다는 개인의 삶에 직접 연관된 문제를 해결하는 데 초점을 두려는 움직임을 뜻함. ⇒ 과거 경제학이 주로 국가나 지역 단위의 거시 데이터를 활용했다면, 요즘은 기업활동·실적 같은 미시 데이터를 활용하며, 개인 주체들의 선택을 더 눈여겨보고 있는데, 교육·정치·보건·사회 관계망처럼 다른 분야 학문 주제를 경제학적 방법론으로 새로이 분석해 색다른 결과를 내놓는 연구 등이 늘고 있음.[137)]

---

137) 빈곤국가에서 예방접종률을 높이는 방법, 초등교육 확대 방안, 결혼한 여성의 사회참여 확대 등이 경제학 연구 주제로 편입됐음. 한국도 새로운 경제학 물결에서 예외는 아님. 서강대는 실험경제학을 위한 실험실과 교수진을 갖추었으며 이정민 교수 등이 활동하고 있음. 안도경 서울대 정치학과 교수는 행동·실험경제학의 방법론으로 정치학을 연구하고 있음. 최정규 경북대 교수와 서강대 황성하 교수는 진화경제학 분야에서 주목할 만한 연구를 진행 중임. 이수형 미국 메릴랜드대 교수는 한국의 결혼중매시장과 성형시장에서 주목할 만한 연구를 진행하고 있음. 서울대 김병연 교수와 이석배 교수, 서강대 이정민 교수는 실험경제학 방법론을 활용해 남한에 정착한 탈북자들을 조사한 뒤 북한체제의 붕괴 가능성이 작다는 분석을 내놓기도 했음. 이와 관련하여 조선일보(2014.01.11) Weekly Biz 참조.

2 정보의 비대칭성

- 필요한 정보가 얼마나 있는가의 차이를 정보의 비대칭성(Information Asymmetry)이라고 함.138)

- 사례
  - 근로자는 고용주보다 자기가 일을 얼마나 열심히 하는지 더 잘 알고 있으며, 중고차판매상은 고객보다 차의 성능에 대해 더 잘 알고 있음.139)
  - 어느 경우든 열등한 지위에 있는 쪽(고용주와 중고차 구매자)은 필요한 정보를 더 얻고자 할 것이지만, 우월한 정보를 가진 쪽(근로자와 차량 중고차 판매상)은 필요한 정보를 감출 유인이 있음.

2.1 감춰진 행동 : 사용자, 대리인, 도덕적 해이

- 도덕적 해이(moral hazard)는 대리인(agent)이 사용자 혹은 본인(principal)을 위해 어떤 임무를 수행할 때 발생하는 문제로서 불완전하게 감시를 받고 있는 사람이 부정직하거나 바람직하지 못한 행위를 하는 경향을 말함.
  - 사용자가 대리인의 행동을 완벽하게 감시할 수 없을 때 대리인은 사용자가 원하는 수준만큼 열심히 일하지 않는 경향이 발생140)

- 사용자는 대리인이 보다 성실하게 행동하도록 다양한 대응방법을 모색
  - 감시 감독의 강화 : 아이 보는 사람을 고용한 부모들이 종종 감시 카메라를 설치하는 경우
  - 높은 임금의 지급 : 시장균형임금보다 높은 임금을 받는 근로자는 게으름을 피울 가능성이 적음.

138) 동 분야와 관련된 학자로 조지 애컬로프(George Akerlof), 마이클 스펜스(Michael Spence), 조지프 스티글리츠(Joseph Stiglitz) 등이 있음.
139) 앞의 예는 감춰진 행동(hidden action)에 관한 경우이고, 뒤의 예는 감춰진 속성(hidden characteristic)에 대한 경우임.
140) 고용계약의 경우라면 고용주는 사용자이고 근로자는 대리인임.

- 보수의 지급 연기 : 기업들은 근로자에게 지급되는 보수의 일부를 나중에 지급하기도 하는데, 한 가지 예로 연말에 지급되는 보너스를 들 수 있음.

- 직장 이외의 사례
  - 건물주가 소방설비의 비용을 부담하지만 그 혜택은 주로 화재보험회사에게 돌아가기 때문에 화재보험에 가입한 건물소유자들은 소방설비를 적정규모보다 부족하게 설치하려는 경향을 보임.
  - 이러한 문제를 해소하기 위해 화재보험회사는 건물주에게 반드시 소방설비를 설치하도록 의무화할 수 있지만, 여전히 보험회사는 건물주들이 얼마나 화재예방에 열심인지에 대한 완벽한 정보를 가질 수 없음.

- 결국 도덕적 해이 문제를 완전히 해결할 수는 없음.[141)]

2.2 감춰진 속성 : 역선택과 레몬 문제[142)]

- 역선택(adverse selection)이란 정보가 없는 쪽에서 볼 때 관찰할 수 없는 속성이 바람직하지 않게 작용하는 경향을 말함.
  - 이러한 현상은 시장에서 판매자가 파는 물건의 속성에 대해 구매자보다 많은 정보를 가지고 있을 때 발생하는 문제인데, 그 결과 판매자가 품질이 낮은 물건을 구매자에게 판매할 가능성이 있음.
  - 즉 정보가 부족한 구매자의 입장에서는 '불리한(adverse)' 물건을 '선택(selection)' 한다는 것임.

- 사례
  - 중고차시장 : 중고차를 판매하는 사람은 그 차량의 결점에 대해 알고 있지만, 구

---

141) 성과급은 경제학이나 경영학에서 나오는 '본인-대리인(principal-agent) 문제'를 해결하는 방안 중 하나임. 본인-대리인 문제는 본인이 알고 싶어 하는 정보를 대리인만이 알고 있는 경우(정보의 비대칭성)에 생기기도 하고, 보통의 능력만 가진 본인이 전문적 능력을 가진 대리인의 일을 관리·감독할 수 없는 경우(도덕적 해이)에 생기기도 함. 성과급은 특히 도덕적 해이의 문제를 해결하기 위한 방법임. 주주는 전문경영인에 대해, 투자자는 펀드매니저에 대해 성과급을 약속함으로써 각각 회사의 이윤극대화, 펀드의 수익극대화를 위해 열심히 일하도록 인센티브를 줌. 본인-대리인 문제를 해결하기 위해 어떤 상황에서, 어떤 방식의 보수체계가 가장 효과적인가는 경제학과 경영학에서 중요한 주제임. 성과의 등수에 따라 보수를 주는 게 좋은지, 아니면 성과의 절대적인 양에 따라 보수를 주는 것이 좋은지, 혹은 여러 사람이 함께 일하는 경우 개개인의 성과에 따라 보수를 주는 것이 좋은지, 아니면 모든 사람에게 같은 성과급을 주는 것이 좋은지에 대한 연구들을 예로 들 수 있음. 이와 관련하여 조선경제(2008.10.10) 참조.

142) 레몬(lemon)은 불량품을 의미

매자는 잘 모르는 경우가 많음(중고차 구매자 입장에서 불리한 선택 발생 혹은 판매자도 불리한 상황에 처할 수 있음).

- 노동시장 : 근로자들의 능력은 사람마다 다르고, 근로자들은 자신들을 고용한 기업보다 자신들의 능력에 대해 더 잘 알고 있음. ⇒ 만약 기업이 근로자들의 임금을 낮추면 능력 있는 근로자들은 다른 곳에서도 일자리를 쉽게 구할 수 있기 때문에 그 회사를 떠날 가능성이 더 많아 기업들은 더 유능한 근로자들을 자기 회사에 잡아놓기 위해 시장균형임금보다 높은 임금을 지불하려 함.
- 보험시장 : 건강보험에 가입하고자 하는 사람은 자신의 건강 상태에 대해 보험회사보다 잘 알고 있음. ⇒ 남에게 알려지지 않은 건강문제가 있는 사람이 그렇지 않은 사람에 비해 건강보험에 가입할 가능성이 높기 때문에 건강보험료는 평균보다 건강이 나쁜 사람들의 의료비용을 반영한 수준이 되는바, 그 결과 건강 상태가 정상적인 사람들은 높아진 의료보험 비용 때문에 건강보험에 가입할 유인을 상실함.

- 시장에 역선택 문제가 존재하면 보이지 않는 손이 제 능력을 발휘하지 못함.
  - 중고차시장에선 구매자들이 의심을 품고 높은 가격을 지불하려 하지 않을 것이기 때문에 좋은 차를 가진 사람들이 자신들의 차를 중고차시장에 아예 내놓지 않을 것임.
  - 노동시장에선 임금이 노동에 대한 수요와 공급이 일치하는 균형임금보다 높은 수준에서 고정되어 실업을 유발함.
  - 보험시장에서 사고를 당할 가능성이 낮은 사람들은 보험 조건이 자신들에게 불리하기 때문에 아예 보험에 가입하지 않으려 할 것임.

2.3 신호를 통해 사적 정보 전달하기

- 정보의 비대칭성이 정부 개입의 근거가 되기도 하지만, 시장은 다양한 방법으로 대응하기도 하는데, 그 중 한 가지 방법이 신호보내기(signaling)라고 할 수 있음.

- 신호보내기란 정보를 가진 쪽이 자신이 가지고 있는 사적 정보(private information)를 다른 사람들에게 신빙성 있게 전달하기 위해 취하는 행동을 말함.

- 사례
  - 기업이 자신의 제품이 고급품이란 신호를 잠재 고객들에게 보내기 위해 광고비를 지출

- 학생들이 자신들이 유능하다는 신호를 잠재 고용주들에게 보내기 위해 대학이나 대학원 학위를 얻고자 함.
- 두 경우 모두 정보를 가진 쪽(기업과 학생)이 정보가 없는 쪽(고객과 고용주)을 향해 자신들이 제공하는 상품이나 서비스가 높은 품질이라는 신호를 보내는 것임.

2.4 | 골라내기를 통한 정보 획득

- 앞서의 신호보내기와는 반대로 골라내기(screening)란 정보가 부족하거나 없는 쪽이 정보가 있는 상대방의 사적 정보를 얻어내기 위해 취하는 행동 혹은 공개하도록 유도하는 행위를 말함.

- 사례
  - 중고차를 구입하고자 하는 사람은 파는 사람에게 그 차를 정비공에게 보여 점검을 받자고 요구할 수 있는데, 이를 거부하는 판매자는 그 차가 불량품임을 스스로 인정하는 셈이 되며 이 경우 사는 사람은 더 낮은 가격을 요구하거나 다른 차를 찾을 것임.
  - 자동차보험을 파는 보험회사는 안전한 운전자에게는 낮은 보험료를, 위험한 운전자에게는 높은 보험료를 부과하고자 할 것이지만 보험회사는 이 두 유형의 운전자를 어떻게 골라내야 할까? ⇒ ㉠ 이 경우 보험회사는 여러 가지 종류의 보험상품을 제공함으로써 운전자들이 스스로 선택하도록 유도할 수 있는바, 공제금액이 충분히 크다면(예를 들어 일단 사고가 나면 1,000달러를 공제하는 조건, 즉 피해금액 중 최초 1,000달러는 보험가입자가 내고 나머지는 보험사가 부담하는 조건) 보험료가 낮고 공제금액이 높은 보험상품은 안전한 운전자들에게 더 매력적일 것이고, 높은 보험료에 전액 보상을 하는 보험상품은 위험한 운전자들에게 더 매력적일 것임. ㉡ 결국 다른 두 보험상품을 동시에 제공하면 두 종류의 운전자들이 스스로 자신들의 사적 정보를 노출하도록 만들 수 있음.

2.5 | 비대칭 정보와 정부정책

- 비대칭 정보 현상은 우리가 시장의 효율성에 대해 우려해야 하는 또 다른 근거를 제공함.

- 만약 어떤 사람들이 다른 사람들보다 많은 정보를 가지고 있다면 시장기능이 자원을 반드시 최선의 용도에 배분하는 것은 아님. ⇒ 시장실패 초래
- 중고차시장에서 구매자들이 불량 중고차를 살까 봐 꺼리기 때문에 품질 좋은 중고차를 가진 사람들은 자신들의 차를 팔지 못할 수 있으며, 건강에 문제가 없는 사람들은 보험회사가 건강한 사람들을 심각한(남들이 모르는) 건강문제가 있는 사람들과 합쳐서 보험료를 결정하기 때문에 낮은 가격에 건강보험을 구입하지 못할 수 있음.

- 정보의 비대칭성 문제를 해소하기 위한 정부 조치가 간단하지 않은 이유
  - 민간 경제주체들이 신호보내기나 골라내기와 같은 대응을 통해 스스로 문제를 해결하기 때문
  - 정부가 민간에 비해 많은 정보를 가지기가 어렵기 때문
  - 정부는 그 자체가 불완전한 기구이기 때문

3 정치경제학

- 정치경제학(Political Economy)[143]은 경제학의 분석방법을 사용하여 정부 기능을 분석하는 경제학의 한 분야임.

3.1 투표에 관한 콩도르세의 역설

- 선진사회의 정부정책 결정과정은 민주적 절차를 따르는데, 결정과정은 간단하여 다수결로 결정하면 됨.

- 그러나 대부분의 경우 선택할 정책이 두 개보다는 훨씬 많게 되며, 이 경우 17세기 저명한 프랑스 정치이론가 콩도르세 후작(Marquis de Condorcet)이 지적한 대로 민주적 의사결정과정은 문제에 봉착하게 됨.

---

143) 공공선택이론(Public Choice)이라고도 함.

〈표 11-1〉 콩도르세의 역설

	유권자 타입		
	타입1	타입2	타입3
유권자의 구성비(%)	35%	45%	20%
제 1 선택	A	B	C
제 2 선택	B	C	A
제 3 선택	C	A	B

- 예를 들어 유권자들이 〈표 11-1〉과 같은 선호체계를 가지고 있고 A, B, C라는 세 가지 정책이 있을 때, 두 정책에 대해 각각 다수결투표를 하면 A가 B를 이기고, B가 C를 이기고, C가 A를 이김.[144)]

- 보통 우리는 사람들의 선호체계가 이행성(transitivity)을 가져야 한다고 생각함.
  - 이행성이란 A를 B보다 좋아하고, B를 C보다 좋아하면, A를 C보다 좋아해야 하는 선호체계를 말함.

- 콩도르세의 역설(Condorcet paradox)이란 다수결투표방식이 반드시 이행성을 보장하지 못하기 때문에 발생함. ⇒ 즉 다수결방식을 통해 이행성이 있는 사회적 의사결정에 도달하지 못하는 현상을 콩도르세의 역설이라 함.
  - 정책 방안을 두 개씩 놓고 투표에 부쳤을 때 결과는 대부분 이행성이 성립하지만, 유권자들의 선호 분포에 따라선 〈표 11-1〉의 예에서 보듯이 반드시 그런 것은 아님.
  - 한마디로 콩도르세의 역설이란 다수결투표방식이 이행성을 보장하지 못할 때 발생하는 모순을 말함.

- 시사점
  - 좁게는 두 개 이상의 선택이 있을 때 의제를 어떤 순서로 정하는가(즉 정책대안을 어떤 순서에 따라 투표하는가)가 투표 결과에 큰 영향을 미칠 수 있음. ⇒ ㉠ 가령 A와 B 두 가지 정책을 놓고 투표에 부친 후, 여기서 선택된 정책과 C를 투표에 부친다면 정책 C가 선택될 것이지만, 정책 B와 C를 놓고 먼저 투표한 뒤

144) 만약 정책 B와 C를 놓고 투표에 부친다면 유권자 타입 1과 2는 정책 B를 지지하여 정책 B가 과반수를 득표함. 이어서 정책 A와 B를 놓고 투표에 부친다면 유권자 타입 1과 3은 정책 A를 지지하여 정책 A가 과반수를 득표함. 그러나 유권자들에게 정책 A와 C를 놓고 투표하도록 한다면 유권자 타입 2와 3이 정책 C를 지지하여 정책 C가 과반수를 얻게 됨.

여기서 선택된 정책을 정책 A와 투표에 부칠 경우에는 정책 A가 선택될 것임. ㉡ 그리고 정책 A와 C를 놓고 먼저 투표한 뒤 여기서 선택된 정책을 정책 B와 투표에 부친다면 정책 B가 선택될 것임.

- 보다 넓게는 다수결투표에 의한 결정이 반드시 그 사회가 진정으로 원하는 것을 반영하지 못할 수 있다는 것임.

3.2 | 애로의 불가능성 정리

- 콩도르세의 역설을 발견한 이후 정치이론가들은 투표제도에 대해 연구하고 새로운 방안들을 고안하는 데 많은 에너지를 소모

- 그중 하나가 예를 들어 정책대안을 두 개씩 비교해서 투표하는 대신 시장이 유권자에게 각각의 정책대안에 대해 순위를 매기도록 하고, 각각의 유권자는 가장 좋아하지 않는 선택에 1점, 끝에서 두 번째 선택에 2점, 끝에서 세 번째 선택에 3점 등과 같이 모든 선택에 점수를 부여해서 가장 많은 점수를 얻은 정책대안이 선택되도록 하는 방식임.
  - 상기의 〈표 11-1〉과 같은 유권자의 선호체계에 이 방식을 적용한다면 정책 B가 선택될 것임.145)
  - 이런 투표방식을 처음 고안한 18세기 프랑스 수학자이자 정치학자인 보다의 이름을 따서 '보다 계산법(Borda count)'이라고 부름.
  - 스포츠 팀의 순위를 매기는 여론조사에 종종 사용됨.

- 경제학자 케네스 애로(Kenneth Arrow)는 1951년에 쓴 《Social Choice andIndividual Values》라는 책에서 완벽한 투표제도의 존재에 관한 문제의 해답을 구하고자 했는바, 일정한 조건 아래서 개인들의 선호를 통합하여 하나의 유효한 사회적 선호로 만드는 것이 불가능하다는 것을 수학적으로, 그리고 논란의 여지없이 입증했음. ⇒ 이를 애로의 불가능성 정리(Arrow's impossibility theorem)라고 부름.
  - 그는 사회 구성원 개개인은 모든 가능한 선택에 대해 우선순위가 있다고 가정하고, 이상적인 투표제도에 의해 결정된 선택은 다음과 같은 네 가지의 속성을 가져야 한다고 가정했음. ⇒ ㉠ 만장일치의 원칙 : 모든 사람이 A를 B보다 좋아하

145) 세 가지 정책의 점수는 각각 다음과 같음. 정책 A : (35×3)+(45×1)+(20×2)=190, 정책 B : (35×2)+(45×)+(20×1)=225, 정책 C : (35×1)+(45×2)+(20×3)=185임. 따라서 가장 많은 점수를 얻은 정책 B가 선택될 것임.

면, 투표에서 A가 B를 이겨야 함. ㉡ 이행성의 원칙 : A가 B를 이기고, B가 C를 이기면, A가 C를 이겨야 함. ㉢ 무관한 대안으로부터 독립의 원칙 : A와 B 사이의 우선순위는 무관한 제3의 대안 C의 존재에 의해 영향을 받아서는 안 됨. ㉣ 독재자 부재의 원칙 : 다른 사람의 선호와 무관하게 항상 자신의 뜻대로 결정을 내리는 사람이 없어야 함.

- 애로는 어떠한 투표제도도 이 속성들을 전부 만족시킬 수 없다는 것을 수학적으로, 반론의 여지조차 없이 완벽하게 입증했음.

- 애로의 정리를 증명하는 데 사용된 수학은 여기서 제시하기 어렵지만, 다음 두 가지 예를 통해 왜 그의 정리가 성립하는지 짐작할 수 있음.
  - 콩도르세의 역설도 애로의 불가능성 정리에 대한 주요 근거가 됨. ⇒ 앞서 논의된 바와 같이 다수결방식에 문제가 있음을 보았는바, 콩도르세의 역설을 통해 다수결방식이 이행성의 원칙에 어긋나는 투표 결과를 초래할 수 있음을 보았음.
  - 또 하나의 예로 보다 계산법은 무관한 대안으로부터 독립의 원칙에 어긋남을 볼 수 있음.[146)]

- 시사점
  - 애로의 결론은 심오한 것이지만 우려되는 결론이기도 함.
  - 애로의 정리가 민주적 정부 제도를 포기해야 한다는 뜻은 아니지만, 국민의 선호를 결정하기 위해 어떤 투표제도를 도입하더라도 사회적 선택을 위한 제도로는 완벽하지 못하다는 사실을 의미

3.3 | 중위투표자는 왕

- 애로의 정리에도 불구하고 다수결방식에 의한 투표제도는 대부분의 사회에서 지도자를 선출하고 정책을 결정하는 수단임.

- 중위투표자[147)]의 정리(edian voter theorem)라 불리는 유명한 이론에 따르면 다수결

---

146) 〈표 11-1〉에 있는 유권자의 취향에 따르면 정책 B가 보다 계산법을 통해 선택되는 것을 보았음. 그러나 만약 정책 C가 갑자기 철회되었다고 하자. 이제 남은 두 정책 대안 A와 B에 보다 계산법을 적용하면 정책 A가 선택되는 것을 알 수 있음. 즉 대안 C를 배제한 결과 A와 B의 순위가 바뀐 것임. 순위가 이렇게 바뀐 이유는 보다 계산법이 A와 B가 얻는 점수에 달려 있고, A와 B가 얻는 점수는 다시 무관한 C라는 대안의 존재 여부에 달려 있기 때문임.

147) 중위투표자란 유권자 선호 분포에서 정확히 한가운데 있는 유권자를 말함.

에 의한 결정방식은 중위투표자가 가장 선호하는 방안이 선택되도록 한다는 것임.

- 중위투표자의 정리란 투표자들이 일직선상의 한 점을 선택하여 투표하고 자신의 선호와 가장 가까운 점에게 투표한다면, 다수결투표방식은 가운뎃점을 가장 선호하는 투표자의 선호를 선택한다는 것을 보인 수학적 결론을 말함.
- 중위투표자가 선호하는 수준이 다른 어느 수준(예를 들어 평균값 혹은 가장 많은 수의 유권자가 선호하는 수준)이라도 일대일 투표에서 이기기 때문에 중위투표자가 사실상 결정권을 행사하는 것과 같음.
- 어느 경우든 과반수의 유권자가 중위투표자 편에 서는 것임.

- 시사점
  - 두 정당이 선거에서 이기기 위해 경쟁한다면 양당은 그들의 정책을 가능한 한 중위투표자의 선호에 가깝도록 만들어야 함. ⇒ 그래서 미국의 공화당과 민주당의 정책은 유사한 점이 많음.
  - 소수의견이 결정에 반영되지 못한다는 점 ⇒ 다수결방식은 모든 사람의 의견을 반영하는 절충안에 도달하기보다는 의견분포의 정확히 중간점에 있는 사람의 견해만 반영하는 것임.
  - 물론 이 이론이 항상 반영되는 것은 아님. ⇒ 국민정서나 정당성격이 분명한 나라의 경우 중간점에 있는 사람들의 의견이 반영되지 못하는 경우가 많음.

3.4 | 정치인들도 사람

- 정치인들도 목표가 있는바, 사회 전체의 복지증진을 위해 노력하고 효율과 형평의 조화를 위해 노력한다고 가정한다면 아주 좋을 것이지만 현실적인 가정은 아님.
  - 자신의 사적 이익은 소비자나 기업경영자 못지않게 정치인들에게도 강력한 유인을 제공함.
  - 어떤 정치인들은 선거에서 다시 당선되고 싶은 유인이 강하기 때문에 자신의 지지 기반을 강화하기 위해 국가의 이익을 희생할 수도 있음.
  - 어떤 정치인들은 순전히 탐욕을 위해 움직이기도 함.

- 우리가 경제정책에 관해 기억할 점은 그 정책들이 선의로 가득 찬 임금님에 의해 만들어지는 것이 아니라 너무나도 인간적인 욕구를 가진 보통 사람들에 의해 만들어진다는 점임.
  - 어떤 때는 그 사람들은 국가의 이익을 증진시키기 위해 일하지만, 어떤 때는 자

신들의 정치적 · 금전적 욕심에 따라 움직이기도 함.

- 현실의 경제정책이 경제학 교과서에 있는 이상적인 정책과 다르다고 해서 놀랄 필요는 없음.

4 행동경제학

- 최근 심리학의 연구 성과를 경제현상에 적용한 행동경제학(Behavioral Economics)이라는 분야가 나타났음.

4.1 행동경제학이 보여주는 '놀라운 비합리'의 사례들[148]

- 사례 1
  - 똘똘한 대학생들을 와인 경매장에 불러 두 가지를 해보라고 실험을 해봤음. ⇒ "첫째, 당신의 주민번호 끝 두 자리를 일단 종이에 적어라. 끝자리가 23이면 23달러 식으로…. 그리고 그 가격에 이 와인을 살 것인지 아닌지 종이에 적어내라. 둘째, 당신이 이 와인에 지불할 용의가 있는 최고가격을 적어 봐라."
  - 두 질문은 전혀 별개의 것이며, 더구나 첫 번째 질문의 주민번호 끝 두 자리는 이 학생의 개성 · 능력 · 감성과는 아무 상관관계가 없는, 그야말로 무작위 숫자일 뿐임.
  - 하지만 놀라운 결과가 나왔음. ⇒ 주민번호 끝 두 자리가 '80～99'인 학생들이 지불할 용의가 있다고 써낸 가격의 평균은 56달러인 반면, 끝 두 자리가 '1～20'인 학생들이 써낸 가격의 평균은 16달러에 불과했음.
  - 도대체 왜? ⇒ ㉠ 첫 번째 질문한 주민번호 끝 두 자리가 뇌에 각인되는 바람에, 독립된 두 번째 질문에 답을 할 때도 앵커(anchor) 역할을 했기 때문임. ㉡ 새끼 거위가 태어난 직후 처음 눈에 들어온 동물을 (그것이 인간이라도) 따라다니듯이 일단 처음 머리에 들어온 숫자가, 피할 수 없는 기준이 될 정도로 사람의 뇌와 심리는 불완전한 것임. ㉢ 그래서 어느 나라에서든, 경험이 풍부하고 똑똑한 판

148) 이와 관련하여 조선일보(2009.05.02) Weekly Biz 참조.

사들마저도 늘 검사의 구형량에 선고 형량이 휘둘리게 마련임.

- 사례 2
  - "린다는 31세의 싱글 여성으로, 매우 총명하고 솔직하며 철학을 전공했다. 그녀는 학생시절 인종차별과 사회정의에 깊은 관심을 가졌으며, 핵 반대 시위에 참여했다." ⇒ 그런 그녀가 지금 뭘 할지 사람들에게 물어보라.
  - 여러 보기 중 '은행원'과 '여성 인권에 적극 참여하는 은행원'이 있을 때, 사람들은 후자를 훨씬 더 많이 고르게 됨.
  - 명백한 논리적 오류임. ⇒ 당연히 후자보다는 전자(그냥 '은행원')가 더 넓은 개념이므로, 확률도 높을 수밖에 없음.
  - 이는 뭔가 그럴 듯해 보이는 게 있으면 '묻지도 따지지도 않고' 거의 자동적으로 끌리고 마는 인간의 비합리적 기제 때문임.

- 사례 3
  - 이런 질문을 사람들에게 해봤음. ⇒ "정책 J를 고르면 '실업률 10%, 물가상승률 12%', 정책 K를 고르면 '실업률 5%, 물가상승률 17%'가 된다. 어느 정책이 좋은가?"
  - 응답률을 조사해 보니 J가 36%, K가 64%로 나왔음.
  - 그런데 질문을 살짝 바꿔 봤음. ⇒ "정책 J를 고르면 '고용률 90%, 물가상승률 12%', 정책 K를 고르면 '고용률 95%, 물가상승률 17%'가 된다. 어느 정책이 좋은가?"
  - 이번엔 응답률이 J가 54%, K가 46%가 나왔음.
  - 두 질문은 표현만 다를 뿐 완전히 똑같은 내용이지만, 응답률 순위는 반대로 바뀌었음.⇒ ㉠ '질문 1'에서는 실업률이 10% → 5%로 격감하는 것처럼 보이니, 정책 K가 매력적으로 보였으며 '질문 2'에서는 고용률이 95% → 90%로 큰 변화가 없어 보이니, 물가가 덜 오르는 정책 J가 상대적으로 돋보인 것임. ㉡ 사람은 이렇게 프레임에 따라 휘둘림.

4.2 사람들이 항상 합리적인 것은 아님

- 경제학 이론에 등장하는 인간은 항상 합리적이지만, 현실의 인간은 훨씬 더 복잡한 존재들임.
  - 그들은 건망증도 있고, 충동적이고, 헷갈리기도 하고, 감정적이며 근시안적임.

• 사람들의 불완전한 행동은 심리학의 중요한 연구재료였지만, 경제학은 최근까지 이것을 무시해 왔음.

- 허버트 사이먼(Herbert Simon)은 경제학과 심리학의 경계선에서 인간의 행동을 연구한 최초의 사회과학자 중 하나라고 할 수 있는데, 그에 따르면 인간은 합리적인 극대화 추구자(maximizer)가 아니라 만족 추구자(satisficer)로 보아야 한다는 것임.
  • 항상 최선의 선택을 추구하는 것이 아니라 단지 충분히 좋은 선택을 한다는 것임.[149]

- 사람들이 완벽하게 합리적이지 못하다는 사실이 경제현상을 설명하는 데 중요한지의 여부가 뜨거운 논쟁의 대상이 되고 있음.
  • 사실상 사람들의 행태를 보면 상당한 수준의 관성이 있는 것처럼 보임.
  • 일단 사람들이 합리적으로 행동한다는 전제를 포기하면 그들의 행태를 이해하는 것이 더 쉬워 보임.

- 심리학이나 일반적 상식이 인간 행동의 합리성에 의문을 제기하는 데 반해, 왜 경제학은 인간 행동의 합리성 가정에 근거하는가? ⇒ 이에 대한 한 가지 답변은 그 가정이 항상 사실은 아니지만, 사람의 행동을 비교적 정확하게 설명할 수 있기 때문임.
  • 경쟁시장과 독점시장에서 기업의 행태를 분석할 때 기업들이 합리적으로 이윤을 극대화한다는 가정을 사용하여 많은 중요하고 유효한 결과를 얻을 수 있었음.
  • 경제학 모형들의 목적은 현실을 복제하려는 것이 아니라 당면한 문제의 핵심을 보임으로써 우리가 현실을 이해하는 데 도움을 주려는 것임.

- 경제학자들이 인간 행동의 합리성 가정을 반복해서 사용하는 또 다른 이유는 경제학자 자신들이 합리적인 극대화 추구자들이 아니기 때문일 것임.
  • 보통 사람들처럼 그들도 자신을 과신하고, 자신의 믿음을 쉽게 바꾸지 못하기 때문인지 모름.
  • 인간의 행동을 설명하는 다양한 모형 중에서 경제학자들의 선택도 과도한 관성을 가지고 있을 것이며, 더구나 경제학자들도 완벽한 이론모형보다 충분히 좋은 모형에 만족하고 있는지 모름. ⇒ 합리적 인간을 가정한 모형들은 아마도 만족을 추구하는 사회과학자가 스스로 선택한 모형일 것임.

---

149) 이와 비슷한 논리로 인간의 행동은 '거의 합리적(near rational)'이거나 '제한된 합리성(bounded rationality)'을 나타낸다고 보는 경제학자들도 있음.

4.3 사람들은 공평성을 중요하게 여김

- 인간의 행동에 관한 또 다른 중요한 관찰은 최후통첩 게임(ultimatum game)[150]이라고 불리는 실험 결과를 통해 잘 나타나는데, 그 결과 전통적인 경제학 이론의 예측과는 매우 다르게 나왔음.[151]
- 이에 관해 사람들이 어떤 형태의 공평성 개념(fairness)에 좌우된다고 하는 사실을 발견할 수 있음.
- 가계나 기업의 행태를 공부할 때 공평성에 대한 고려는 없었으나 최후통첩 게임의 결과를 보면 아마도 고려해야 할 것 같음.
  - 예를 들어 임금은 원칙적으로 노동의 수요와 공급에 의해 결정되지만, 어떤 경제학자들은 기업이 근로자에게 지급하는 임금에 대해 사람들이 공평하다고 느끼는지가 이 분석에 반영되어야 한다고 주장해 왔음.[152]

4.4 사람들의 행동은 시간에 따라 일관적이지 않음

- 합리적 인간 행동의 관점에서 보면 일관성 없는 행동은 당혹스러운 일이긴 하지만, 실제로 우리 주변에서 이런 행동은 놀라운 일이 아님.
  - 살다 보면 사람들은 여러 번 자신에게 약속을 하지만 이를 잘 지키지 못함.[153]

---

150) 게임의 내용은 다음과 같음. 서로 잘 모르는 두 지원자에게 이 게임을 통해 100달러의 상금을 얻을 수 있다는 것을 알려줌. 게임 규칙은 다음과 같음. 먼저 동전을 던져 선수 A와 선수 B를 결정함. 선수 A의 역할은 100달러의 현금을 자기 몫과 상대방 몫으로 나누는 일임. 선수 A가 각각의 몫을 나누어 상대방에게 제시하고, 선수 B는 이를 받아들이거나 거부할 수 있음. 만약 선수 B가 제안을 받아들인다면 두 선수 모두 나누어진 몫대로 받아감. 만약 선수 B가 제안을 거부하면 두 선수 모두 아무것도 받을 수 없음. 어느 경우든 게임은 끝남.

151) 선수 B의 역할을 하는 사람들은 대부분 자신들에게 오직 1달러나 아주 적은 금액을 주는 제안을 거부했음. 선수 A의 역할을 하는 사람들은 이를 알고 선수 B에게 대부분 1달러보다는 훨씬 많은 금액을 제시했음. 어떤 사람들은 50 : 50 분할을 제시하기도 했지만, 대체로 상대방에게 30~40달러를 제시하고 자신에게 더 많은 몫을 배분했음. 이런 경우 선수 B들은 대체로 그 제안을 받아들였음.

152) 예를 들어 어떤 기업이 어느 해에 이익을 많이 냈다면, 비록 노동시장에서의 균형 상태를 볼 때 그럴 필요가 없다고 하더라도 근로자들은 자신들이 이익의 정당한 부분을 받아야 한다고 기대할 것임. 기업들도 만약 높은 임금을 지급하지 않으면 근로자들이 근무를 태만히 하거나 파업을 하거나 기물 파손과 같은 행동으로 기업에게 손해 입힐 것을 우려하여 근로자들에게 균형임금보다 높은 임금을 지급할 것임.

153) 흡연자가 담배를 끊겠다고 결심하지만, 마지막 담배를 피운 지 몇 시간도 되지 않아 또 담배

- 어떤 경제학자들은 소비-저축 의사결정이 사람들의 이와 같은 시간적 비일관성현상(time inconsistency)을 나타내는 중요한 사례라고 생각함.
  • 많은 사람들에게 당장의 소비 지출은 일종의 즉각적인 쾌락을 주지만, 저축은 현재를 희생하고 장래의 보상을 기다려야 하기 때문에 결국 많은 사람들은 좀 더 저축을 했어야 했다고 후회하게 됨.

- 시사점
  • 사람들이 자신의 결심을 지키기 위해서는 자신의 미래 선택을 어떤 방법을 통해 구속할 필요가 있다는 것임.[154)]

5 세 가지 이론의 종합적 견해

- 경제학 원리 중에 시장이 경제활동을 조직하기 위해 대체로 좋은 수단이라는 점과 정부가 경우에 따라 시장성과를 개선할 수 있다는 점이 있지만, 경제학을 계속 공부할수록 이 두 원리의 진리와 함께 이 두 원리에 부가되는 단서 조건들의 의미도 이해할 수 있을 것임.
  • 비대칭 정보 이론을 공부하면서 시장의 성과에 대해 좀 더 우려했을 것임.
  • 정치경제학 이론을 공부하면서 정부의 역할에 대해 좀 더 우려했을 것임.
  • 행동경제학 이론을 공부하면서 인간의 의사결정에 의존하는 모든 제도(시장과 정부 포함)에 대해 좀 더 우려했을 것임.

- 지금까지 논의한 세 가지 새로운 이론을 묶는 공통된 주제가 있다면, 그것은 바로 현실은 복잡하다는 것임.

가 피우고 싶어 결심을 지키지 못함. 체중을 줄이려고 식사 후 디저트를 먹지 않겠다고 결심하지만, 웨이터가 디저트를 가져와 보여주는 순간 그 결심을 잊고 맘. 이 모두 즉각적인 쾌락을 위해 자신과 맺은 약속을 저버리는 경우라고 할 수 있음.

154) 담배를 끊기로 한 사람은 자신이 지니고 있는 담배를 멀리 던져버리거나, 체중을 줄이기로 결심한 사람은 자신의 냉장고에 자물쇠를 채우든가 하는 것임. 저축의 경우에도 너무 조금 저축하는 사람은 자기 소득의 일부를 소비하기 전에 어떤 방법으로든 미리 묶어 놓아야 함.

• 정보, 정부, 그리고 인간 모두가 불완전 ⇒ 우리를 둘러싸고 있는 현실을 설명하고, 가능한 한 개선할 수 있으려면 경제학은 이런 불완전성을 정밀하게 이해할 필요가 있음.

참고자료

(1) N. Gregory Mankiw(2013), 《맨큐의 경제학》, 김경환 · 김종석 옮김, 교보문고.
(2) 2009. 05. 02., 《조선일보》, Weekly Biz.
(3) 2008. 10. 10., 《조선경제》
(4) 2014. 01. 11., 《조선일보》, Weekly Biz.

찾아보기

▯▯▯ 저자약력 ▯▯▯

■ **이 종 호**(李鍾昊)

- 고려대학교 문과대 영문학과(학사)
- 고려대학교 대학원 경제학과(석사)
- 고려대학교 대학원 경제학과(박사)
- 고려대학교 경제연구소 전문연구원
- 고려대, 동국대, 숭실대, 홍익대, 인천대, 동덕여대 등 출강
- 15대 국회의원 보좌관
- ㈜경기북부신문사 논설위원
- 의정부포커스신문 집필위원
- 서울신문 명예논설위원
- 경기도 지속가능발전위원
- 경기도 민방위 소양강사(경제담당)
- 의정부시·양주시 지방재정계획 심의위원 및 재정운영위원
- 의정부시 사회단체보조금 심의위원
- 경기북부병무지청 병무행정발전 시민참여위원
- 경기도립 의정부병원 공공보건의료 심의위원
- 도봉구 의정비 심의위원 및 공무국외여행 심사위원
- 현재 경민대학교 공공행정학과 교수

- 주요 저서 및 논문
  - 《관광사업론》(공저, 1998), 《관광경제학》(역서, 2000)
  - 《영문법의 이해》(2002), 《e-세대를 위한 경제교실》(2002)
  - 《시사영어산책》(2006), 《미시경제 이야기》(2009)
  - 《거시경제 이야기》(2009), 《국제경제 및 산업정책 이야기》(2009)
  - 《공무원영어》(공저, 2010), 《한국경제 이야기》(2013)

  - 〈환율과 수출가격〉(1993), 〈VAR체계를 이용한 경상계정 분석〉(1994), 〈호텔종사원 직무특성별 직무만족에 대한 수량화분석〉(1998), 〈호텔종사원 교육훈련에 관한 연구〉(2000), 〈한국산업의 국제경쟁력패턴 분석〉(2001), 〈신자유주의와 노동시장 유연화 논쟁〉(2003), 〈다국적기업의 M&A에 대한 중국의 제도 분석〉(2004), 〈문화자원의 개발을 통한 지역 활성화 전략〉(2004), 〈토지거래허가제의 정책효과에 관한 실증연구〉(2007), 〈노인복지서비스의 문제점과 개선방안〉(2009), 〈실리콘 밸리의 청년 지식기술창업 모형과 프로그램 분석〉(2012), 〈한·중·일 국제분업과 그 동인에 관한 연구〉(2013) 등 다수

알기쉬운 경제학 ① - 미시경제 -

2015년 2월 25일 1판 1쇄 발행

저 자 이 종 호
발행인 남 승 우

발행처 도서출판 상尙 학學 당堂

서울시 동작구 사당로9가길 6(사당동)
TEL : 02) 595-1692 ~ 4
FAX : 02) 595-1394
E-mail : namdoo6@unitel.co.kr

신고 : 2-155호 (1968. 11. 29)

정가 18,000원

ISBN 978-89-6587-121-7 04320
ISBN 978-89-6587-120-0 (전3권)

〈디자인〉 편집 이선경 / 표지 나아기획